Närrische Reden für die Bütt

Band 12

15 Büttenreden und Zwiegespräche

VERLAG OTTO TEICH · DARMSTADT

ISBN 3-8069-0304-2

Alle Rechte vorbehalten
Das Vortragsrecht für öffentliche
Darbietungen vermittelt der Verlag

Titelzeichnung: Hugo Winderlich
Printed in Germany

Inhaltsverzeichnis

		Seite
Ein Party-Löwe............	Max Mauel..............	5
Ein Ausgeflippter...........	Werner Flügge...........	8
Ein Verkehrssünder.........	Franz Unrein.............	11
Ein Globetrotter............	Gerd Hinders............	14
Klein Schlauköpfchen und Groß Doofi...............	Heidi Spies..............	20
Ein gewitzter Bauer.........	Werner Flügge...........	25
Ein Auto-Rennfahrer.........	Detlev Schumacher........	28
Ein Beamter...............	Hermann Hügel...........	31
Ein Landarzt...............	Franz Unrein.............	35
Ein Quizmeister............	Max Mauel..............	38
Ein Geleimter..............	Gerd Hinders.............	41
Ein Merkwürdiger...........	Werner Flügge...........	44
Ein Mann aus dem Volke.....	Willi Dingler..............	47
Dick und Doof..............	Franz Unrein.............	50
Et Botterblömche...........	Hans Bols...............	53

Ein Party-Löwe

Büttenrede von Max Mauel

Also, wir waren auf 'ner dollen Party eingeladen. – Meine liebe Frau, das Kathrinchen, und ich. – Beim Büttgenbachs Hubert.

Der Hubert ist ein Mann, der arbeitet bis er schwarz wird. – Der ist Kaminfeger!

Der sagt zu seiner Frau immer Täubchen, – weil die einen so schönen Kropf hat.

Der Hubert hat seine Geierwalli im Karneval kennengelernt. – Der hat geglaubt, die ist maskiert!

Sie heißt Gudrun, nach Vaters Grundsatz: Nach getaner Arbeit ist gut ruhn.

Die war Verkäuferin in einem Lebensmittelgeschäft. Kam dort ein Kunde an die Käse-Abteilung und fragte: „Haben Sie 'nen Roquefort?" Meinte sie ganz entrüstet: „Natürlich, oder denken Sie, ich bediene die Leute im Hemd!"

Der Sohn von den Büttgenbachs studiert Wirtschaft. Also, der Junge hat Zukunft! Gesoffen wird immer. Er will Wirtschaftsprüfer werden. – Also, jeden Abend von Wirtschaft zu Wirtschaft müssen, das wäre nichts für mich!

Die Tochter, Finchen heißt sie, hat mich mal um Rat gefragt. Sagt sie: „Ich habe drei Verehrer, aber ich weiß nicht, wen ich heiraten soll. Da ist der Fritz, aber der trinkt gern." Ich sage: „Finchen, laß es sein, das wird später schlimmer!" Meint sie: „Ja, da ist dann noch der Paul, aber der raucht sehr stark." Ich sage: „Finchen, Finger davon, das wird später schlimmer!" Da seufzte sie: „Und dann ist da noch der Max, aber der will immer mit mir küssen und schmusen." Ich sage: „Finchen, den kannst du nehmen, das läßt später nach."

Also, der Hubert hatte zur Party eingeladen. – Wir machten uns zu Hause prima bella und da stand plötzlich meine Frau vor mir und fragt mich: „Wie steht mir das neue Kamelhaarkleid?" Ich antwortete: „Wie angewachsen, nur die Höcker sind was schlapp."

Dann stand sie vor mir und fragte: „Sitzt mein Hut gerade?" Ich sage: „Ja, Liebling." Meint sie: „Das ist falsch, der muß doch schief sitzen." Ist ja auch komisch: Hat eine Frau den Hut schief auf, heißt es schick. Hat der Mann den Hut schief auf, heißt es besoffen.

Endlich waren wir soweit. Wir rannten zur Straßenbahn und die fuhr uns doch glatt vor der Nase fort. Ich sage: „Siehst du, Frau, hättest du dich was beeilt, hätten wir die Bahn noch bekommen." Da kam aber bei ihr die weibliche Logik durch. Meinte sie doch prompt: „Und hättest du nicht so getrieben, brauchten wir jetzt nicht so lange auf die nächste zu warten."

Wie wir dann endlich auf der Party ankamen, machte uns die Frau Büttgenbach die Türe auf. Ich drückte ihr die Blumen in die Hand – wie es sich gehört mit dem Papier, damit man sich als Gast nicht in die Finger piekt –, da meinte die Gudrun: „Oh, das war doch nicht nötig, für zweimarkfünfzig Blumen zu kaufen, und dann noch so schöne Löwenmäulchen!" Antwortete mein Kathrinchen ganz sanft: „Klatschmohn hatten sie leider keinen da."

Also mir war das richtig peinlich und da habe ich der Gudrun schnell ein Kompliment gemacht. Ich sagte: „Du siehst gut aus, warst du in Urlaub?" Meinte sie: „Ja, auf Teneriffa." Habe ich sie gefragt: „Wo ist das denn?" Zuckte sie mit den Schultern: „Das weiß ich auch nicht. Wir sind ja geflogen."

Dann hat sie uns aufgefordert: „Kommt rein in die gute Stube. Wir haben auch einen Musiker engagiert, der spielt auf der Hemmungsorgel."

Im Wohnzimmer hat uns der Hubert begrüßt, ein großes Glas Schnaps in der Hand, bekannte Marke ‚Gabiko' – ganz billiger Korn!

Dann habe ich mich mit dem Kathrinchen auf das kalte Buffet gestürzt. Da stand eine Schüssel Kaviar mit so kleinen grauen Kügelchen. Hat die Meinige sich drei Löffel von auf den Teller geklatscht und anschließend gemeckert: „Die Brombeer-Marmelade stinkt aber schwer nach Fisch!"

Sagte der Hubert: „Aber Kathi, das ist doch Kaviar, auserlesene Fischeier!" Meinte meine Frau: „Gut, dann laß mir mal ein paar in die Pfanne schlagen."

Gudrun kam an und fragte: „Wollt ihr was Eiswein?" Meinte meine Süße: „Ja, aber nur ein kleines Stück."

Ein Gast flirtete mit meiner Frau und sagte: „Was haben Sie für einen schönen Ring an." Meinte sie ganz stolz: „Das ist ein Lapislazarus. Aber zu Hause im Kommödchen, da liegt noch ein viel schönerer! Der ist aus Plateng, hat in der Mitte einen großen Rabbiner und rund herum alles so kleine Atheisten."

Ja, und je später der Abend, um so besoffener die Gäste. Der Christian machte sich sein Glas im Goldfisch-Aquarium voll und lallte: „Donnerwetter, sind die Erdbeeren aber flutschig!"

Dem Otto seine Frau fiel mir um den Hals und flüsterte: „Schnell, küß mich. Meinem Mann ist gerade die Brille in die Bowle gefallen!"

Einer schmiß Frikadellen auf die Erde und schrie: „Warum titschen denn die Tennisbälle nicht?"

Der Einzige, der nüchtern war, war ich! – Aber ich möchte nur mal wissen, wer mir bei der Polonaise so oft auf die Hände getreten hat.

    Die nächste Party kommt gewiß,
    drum sage ich für heute Tschüß!

        A l a a f !

Ein Ausgeflippter
Deftige Büttenrede von Werner Flügge

Die Gans erwacht im fremden Forst
und liegt in einem Adlerhorst.
Sie schaut sich um und sagt betroffen:
„Mein lieber Schwan, war ich besoffen."

Als ich eben hier rein kam, da tastete sich ein Blinder bis an die Theke vor, betätschelte mit beiden Händen das Gesicht vom Wirt *(demonstrieren)* und sagt: „Entschuldigen Sie, sind Sie hier der Wirt?" Sagt der: „Ja, das bin ich." Der betätschelt nochmal das Gesicht und sagt: „Sind Sie wirklich der Wirt hier?" Sagt der: „Ja, das bin ich, warum, was ist denn los?" Meint der Blinde: „Auf'm Klo ist kein Papier mehr."

Aber bei mir geht im Moment alles daneben. – Alles negativ in der letzten Zeit, – alles negativ. Das einzig Positive war der Schwangerschaftstest bei meiner Freundin.

Ich bin ein richtiger Pechvogel. Montag wollte ich meine Hose anziehen, – ging der Reißverschluß kaputt. Dienstag wollte ich einen Koffer nehmen, – war der Griff plötzlich ab. Mittwoch wollte ich einen Nagel einschlagen, – hatte ich nur noch den Hammerstiel in der Hand. Donnerstag wollte ich jemand zuprosten, – platzte plötzlich der Henkel vom Bierglas. – Freitag traute ich mich gar nicht mehr pinkeln zu gehen!

Kennen Sie eigentlich den Unterschied zwischen dem „braven Soldaten Schwejk" und unseren Politikern? – Der „brave Soldat Schwejk" war klug – und stellte sich dumm!

Neulich sagte ein Spitzenpolitiker zu mir: „Ich bin eine Leuchte der Wissenschaft. Ich habe an drei Universitäten studiert." Sag ich: „Na, das will nichts heißen. Mein Vater hatte ein Kalb, das hat an drei Kühen gesoffen – und wurde doch bloß ein Ochse!"

Kam neulich unser Bürgermeister vom Stammtisch nachts nach Hause, lag da eine Spiegelscherbe vor seinen Füßen. Er hebt die auf, schaut rein und sagt: „Der Typ kommt mir aber irgendwie bekannt vor." Er vergleicht das Gesicht sofort mit der Fahndungsliste. Kommt seine Frau rein, brüllt er: „Raus, das ist Dienstgeheimnis!" – Nachts steht seine Frau nochmal auf, guckt in die Spiegelscherbe und sagt: „Dachte ich es mir doch, – Weibergeschichten."

Ich war eben erst mal auf dem „stillen Örtchen". Und auf dem Weg zur Toilette kam mir ein Mann entgegen und sagt: „Darf ich mich vorstellen? Meier, IG Metall." Ich sage: „Angenehm, Flügge – i geh scheißen."

Ich steh da so am Pissoir und links und rechts von mir stand auch je einer. Der eine, der pinkelte wie so 'ne Gabelung, – in Stereo. Ja, der pinkelte mit sich Brüderschaft. Ich sag: „Was ist denn mit Ihnen los?" Meint der: „Das ist eine Verletzung, ich hatte einen Autounfall." – Und der andere, der pinkelte wie so 'ne Dusche. So . . . pschsch, der hatte diese ganz breite Streuung. Ich frag: „Haben Sie auch einen Autounfall gehabt?" Sagt der: „Nein, ich krieg meinen Reißverschluß nicht auf."

Da war noch einer, der war so zerstreut, der hat seine Weste aufgeknöpft und seinen Schlips rausgeholt!

Und die Klofrau, das ist vielleicht eine. Die ist so ein ganz moderner Typ. Die sieht aus wie Miß Hormozenta, die Faltenreiche. Eine ganz moderne Frau. Die hat sich ja jetzt liften lassen. Jo, die hat gehört, daß der Staat bei Altbausanierungen einen Zuschuß gibt.

Der haben sie operativ über der fünften Rippe, hier oben, so viel weggeschnitten, wenn die jetzt den Mund zumachen will, muß sie das linke Bein heben.

Ich frag sie: „Na, wie geht's?" Sagt sie: „Fabelhaft." Frag ich: „Und dein Alter?" Sagt sie: „Einzelhaft."

Das ist ein Strolch. Der findet Sachen, die hat noch keiner verloren.

Der klaut alles, was nicht niet- und nagelfest ist. D e r klaut vielleicht. Seine Tochter heißt Claudia.

Der hat seine Frau damals nur geheiratet, weil sie so gut zusammenpaßten. Er war in der Gebrauchtwagenabteilung und sie war schon mal verheiratet.

Das war der reinste Diplomat, – und sie kannte auch keine Grenzen.

Die sagte mal zu ihm: „Schatz, du hast mir vor der Ehe versprochen, du wolltest mich wie eine Königin behandeln." Sagt er: „Bin ich Heinrich der achte oder was?" Als zu Hause mal die Tür klemmte, sagt sie zu ihm: „Die kannst du ruhig mal reparieren." Sagt er: „Bin ich Schlosser oder was?" Am nächsten Tag ist 'ne Lampe ausgefallen. Sagt sie: „Du könntest ruhig mal 'ne neue Birne reinschrauben." Sagt er: „Bin ich Elektriker oder was?" – Er kommt am nächsten Tag nach Hause, die Lampe brennt, die Tür klemmt nicht mehr. Sagt sie: „Das hat unser Nachbar gemacht." Meinte er: „So, und was hat er dafür genommen?" Sagt sie: „Tja, ich sollte ihm einen Kuchen backen oder mit ihm ins Bett gehen." Fragt er sie: „Und – hast du ihm den Kuchen gebacken?" Antwortet sie: „Bin ich Bäcker oder was?"

Jo, die führen eine Ehe wie im Paradies. – Er rechnet jeden Tag damit, daß er rausgeschmissen wird.

Meint sie: „Wenn ich den Müller von nebenan sehe, wie zärtlich der mit seiner Frau ist. Wenn er geht, gibt er Küßchen. Wenn er kommt, gibt er Küßchen. – Warum tust du das eigentlich nicht?" Grunzt er: „Nun hör mal zu, ich kenne die Frau doch gar nicht."

Ich habe mir gestern eine neue Uhr gekauft, die geht! – Und ich gehe jetzt auch.

A l a a f !

Ein Verkehrssünder

Büttenrede von Franz Unrein

Wie ich in der Zeitung die Anzeige las: „BMW für zweitausend Mark zu verkaufen", bin ich direkt zu dem Gebrauchtwagenhändler hin. Meinte der: „Da kommen Sie zu spät, der Wagen ist verkauft. Aber ich kann Ihnen die Adresse des Käufers geben und ich bin sicher, daß Sie das Auto inzwischen für eintausend Mark haben können!"

Jetzt wohnten in dem Haus zwei Breuers. Ich zu dem ersten besten Breuer rein, die Tür stand auf, die Frau saß nackt in der Küche und schlug sich gegen die Brust. Der Mann saß auf dem Klo und hatte einen Schirm aufgespannt. Ich wieder raus, kam mir der Hausmeister entgegen. Ich sage zu dem: „Was soll das? Die Frau sitzt nackt in der Küche und schlägt sich gegen die Brust, und er sitzt mit dem Schirm auf dem Klo?" Meinte der Hausmeister: „Die beiden sind taubstumm. Sie sagte sicher: ‚Gehe Milch holen.' Und er meinte dann: ‚Du kannst mich mal, draußen regnet es'."

Dann kam ich zu den richtigen Breuers und habe den Wagen für eintausend Mark gekauft. Zunächst bin ich in die nächste Kneipe tanken. Drei Gläser BMW – Bommerlunder – Martini – Whisky. Als ich dort rausging, meinte der Wirt: „Sie wollen doch wohl nicht in dem Zustand mit dem Auto fahren?" Ich lallte: „Was bleibt mir anderes übrig. Sie sehen doch, daß ich kaum noch laufen kann!"

An der Theke meinte einer: „Unsere Frauen kann man ohne weiteres mit einem Auto vergleichen." Ich fragte: „Wieso?" Da zählte der auf: „Erstens kosten sie einen Haufen Geld, zweitens sind sie schlecht zu bremsen und drittens, blättert erst der Lack ab, hat man immer höhere Reparaturkosten."

Meinte meine Frau letztens zu mir: „Sollten wir nicht mal für eine Woche in den Schwarzwald fahren?" Ich sage: „Pack' die Koffer, wir fahren sofort los." Ich fuhr noch zur nächsten Tankstelle und ließ volltanken. Meinte der Tankwart: „Stellen Sie doch den Motor ab." Ich sage: „Der ist abgestellt. Was da so bebt, das ist meine Frau."

Dann ging es los. Wir fuhren gerade durch die ersten Dörfer, fing meine Frau an zu zählen: „Siebzehn, – neunzehn, – dreiundzwanzig." Ich fragte sie: „Zählst du die Kilometersteine?" Sie schüttelte mit dem Kopf: „Nein, die Hühner, die du bis jetzt überfahren hast."

In dem Moment, ein Knall – und ich hatte jemand unter dem Auto liegen! Die Leute kamen gelaufen und standen herum. Ich rief: „Steht hier nicht herum, holt lieber einen Arzt!" Meinte einer: „Das wird nicht gehen, der liegt unter Ihrem Auto!"

Endlich kam einer angelaufen. Fragte meine Frau: „Sind Sie der Arzt?" Antwortete der: „Ich bin der Tierarzt." Meinte meine Liebste: „Dann sind Sie hier richtig. Mein Mann, das Kamel, ist zu schnell gefahren."

In dem Moment kam der unter dem Wagen wieder zu sich und rief: „Will mich denn keiner rausziehen?" Ich sagte: „Sofort, aber wenn Sie schon mal drunter liegen, können Sie mal nachsehen, an welcher Stelle ein Loch im Auspuff ist?"

Dann tauchte endlich der Dorfpolizist auf und fragte: „Wie ist das passiert?" Ich antwortete: „Der lief plötzlich über die Straße, ich hupte noch, aber das hat er wahrscheinlich nicht gehört." Meinte der Polizist streng: „Wissen Sie genau, daß Sie gehupt haben?" Ich sage: „Na klar! Ich hupe immer, wenn ich einen überfahre."

Der Pastor kam auch noch an und fragte: „Braucht er die letzte Ölung?" Ich sage: „Nein, es geht ihm wieder gut. Aber wenn Sie schon Öl dabei haben, dann könnten Sie auch gleich bei meinem Wagen Ölwechsel machen!"

Am anderen Tag fuhren wir weiter. Und in der Zeitung stand: „Als Ursache für den Unfall ermittelte die Polizei ein unglückliches Zusammenwirken von Aquavit und Aquaplaning."

In Freudenstadt hatten wir uns ein Hotel genommen. Mittags kam meine Frau mit einem neuen Pelzmantel an. Ich schrie: „Bist du verrückt, dir einen Pelzmantel zu kaufen!" Meinte sie: „Du hast dir ja auch für dein Auto das teure Frostschutzmittel gekauft."

Wir fuhren auch an einem Finanzamt vorbei, kam da ein Mann raus, – ganz nackt! Sagte ein Passant: „Was ist denn mit Ihnen?" Jammerte der Mann: „Die haben mich bis aufs letzte Hemd ausgezogen." Meinte der Passant: „Das können die mit mir nicht machen!", zog sich nackt aus, legte seine Sachen in sein Auto und ging ins Finanzamt rein. Wie der wieder raus kam, hatte er vorne und hinten ein großes Heftpflaster drauf. Fragte der erste: „Was ist denn mit Ihnen?" Meinte der Mann: „Sie konnten mir nichts abnehmen. Da haben sie mir Gas und Wasser abgestellt."

Wir fuhren weiter. Da hielt mich an der Ecke ein Polizist an und sagte: „Merken Sie denn nicht, daß Sie hinten zwei Reifen platt haben?" Ich antwortete: „Nein, ich habe mich nur gewundert, daß es schon zwei Stunden immer bergauf geht."

An der nächsten Tankstelle sagte ich zu dem Tankwart: „Stellen Sie bitte meine Hupe etwas lauter, – meine Bremsen funktionieren nämlich nicht!"

Eine Stunde später ging es wieder heimwärts. Ich hatte gerade einhundertzwanzig Sachen drauf, – an der Ecke ein Tabakgeschäft – und rumps, ich mit dem Wagen durch das Fenster. Meine Frau flog bis vor die Verkaufstheke und sagte: „Eine Packung Filterzigaretten bitte!" Ich rief ihr nach: „Hast du auch das Licht im Auto ausgemacht? Du bist schließlich zuletzt rausgeflogen."

Als ich nach vier Wochen aus dem Krankenhaus entlassen wurde, meinte der Chefarzt: „Nehmen Sie doch eine Jahreskarte, dann bekommen Sie den Gips viel billiger."

A l a a f !

Ein Globetrotter

Büttenrede von Gerd Hinders

Wer nie im Urlaub in Marokko,
am Ganges, Hudson, Orinoco,
wer nie in Singapur und Brest,
in Hongkong, Hammerfest gewest . . .,
der soll doch gleich zu Hause bleiben
und Karten aus Bad Salzig schreiben!

Nein, man muß doch wenigstens – schon der Nachbarn wegen – standesgemäß ins Ausland fahren!
Aber nach Spanien fahre ich nicht mehr! Als letzthin in einem der Touristensilos in Palma Feuer ausbrach, sollte ich doch glatt aus dem 14. Stock runterspringen! Die Spanier hatten auch schon ein großes rotes Sprungtuch unter mir aufgespannt. Als ich dann endlich ängstlich sprang, zogen sie es doch glatt weg und riefen: „Olé!"

Da ist es doch in Brioni an der adriatischen Küste viel schöner! Wenn wir uns da am Strand nicht gerade rösteten, haben wir uns immer abwechselnd in den Sand eingebuddelt. Erst meine Frau mich und dann ich sie. – Da fahre ich dieses Jahr wieder hin. Ich muß sie ja schließlich wieder ausbuddeln!

Die Italiener sind ein sehr freundliches Volk. Nur die Kost ist uns dort nicht bekommen. Die meiste Zeit unseres Urlaubs saßen wir auf dem Klosett. Wenn man es besonders eilig hatte, war es meistens besetzt. Ich trampelte mit den Füßen auf der Stelle, klopfte ungeduldig an die Tür und rief: „Ist da jemand?" – „Nein", tönte es auf Deutsch zurück, „im Gegenteil!"

Wir hatten uns auch viele Reiseandenken gekauft. – Aber die habe ich leider auf der Heimreise alle schon ausgetrunken.

Im nächsten Jahr fuhren wir zur Abwechslung mal nach Norden. Erst waren wir in London. Wir übernachteten in einem altenglischen Schloß. In dem Labyrinth der Korridore traf ich um Mitternacht ein Gespenst. Es behauptete, schon 600 Jahre durch die Gemäuer zu laufen. – Ich jauchzte auf: „Das ist ja herrlich! Dann können Sie mir gewiß verraten, wo hier der Lokus ist."

Im Piccadilly Circus war ich allerdings nicht! Die Karten waren schon alle ausverkauft!

Von dort aus machten wir noch einen kurzen Schlenker nach Irland! – Irland ist ja im Norden schön, in der Mitte gefährlich und im Süden katholisch.

Laut dortigen Hotelregeln muß spätestens um 24.00 Uhr Ruhe in den Pensionen herrschen. Nach diesem Zeitpunkt geschieht aller Verkehr auf Zehenspitzen!

Da wir ja bis Spitzbergen wollten, flogen wir mit den British Airways zunächst einmal nach Norwegen. Das war aufregend! Erst rief der Pilot: „Ich fliege nicht mit dieser verdammten Kiste, wenn nicht vorher der Motor ausgetauscht wird!" Nach einer Viertelstunde startete die Blechmühle dann doch. Ich staunte und fragte die Stewardeß: „Was, so schnell ist der Motor ausgetauscht worden?" Entgegnete sie: „Nein, der Motor nicht, aber der Pilot!"

Wir hatten zudem noch schlechtes Wetter. Die Wolken waren so dick, daß die Tragflächen abzubrechen drohten! Schließlich fing auch noch ein Motor an zu qualmen. Der Pilot beruhigte uns durch das Bordmikrofon: „Bitte keine Aufregung! Ich springe mit dem Fallschirm ab und hole Hilfe!"

Dann tuckerten wir an den Schären vorbei nach Norden. Wir haben auch viele Fjorde gesehen, – obwohl die Tiere ja wirklich scheu sind!

Am Polarmeer wurde es uns aber doch ziemlich kalt. Wir mußten beim Schlafen die Augen offen halten, damit sie uns nicht zufroren. Einmal war es so kalt, daß uns die Worte als Eisstückchen aus dem Munde kamen und wir sie erst auftauen mußten, damit wir überhaupt hören konnten, was der andere sagte.

Trotzdem fragte ich ängstlich, als wir beinahe auf einen Eisberg gelaufen waren: „Glauben Sie, daß hier fester Boden in der Nähe ist?" Sagte mein Nachbar: „Ganz bestimmt, höchstens 3–4 Kilometer entfernt." Ich wollte wissen: „Links oder rechts?" Er meinte: „Unten!"

Die Polarhunde sind ja dort die schnellsten, weil dort die Bäume so weit auseinander stehen!

Ich flog also nach Indien, wo es wärmer war. – Unterwegs haben wir natürlich auch mal Station gemacht und in einem Zelt übernachtet. In der Kal-Mücken-Steppe wollten uns die Mücken zusetzen. Aber in der ersten Hälfte der Nacht war ich so blau, daß ich die Stiche gar nicht gespürt habe und in der zweiten Hälfte der Nacht waren die Stechmücken so betrunken, daß sie nicht mehr stechen konnten!

Die Fakire haben ja in Indien nur selten Nagelbettentzündungen! Auch die Babys werden dort von ihren Müttern immer sofort trokkengelegt, damit die Nägel auf dem Nagelbett nicht so schnell rosten.

Dann fuhr ich nach Hongkong. Chinesisch ist ja einfacher als mit Stäbchen essen! Zum Beispiel heißt „Dieb" auf Chinesisch „Lang Fing", der Polizist „Lang Fing Fang", der Polizeihund „Lang Fing Fang Wau" und die Polizeiwaffe „Lang Fing Fang Bum".

Ich hab natürlich auch bei der Gelegenheit chinesisch gegessen, z. B. „Leisblei mit Lindfleisch-Lagout und Kloketten!" Als Nachtisch gab es „lote Fluchtglütze mit Lhabalbel-Kompott."

In Peking war ich nur kurz. Da habe ich mir nur die Eisrevue „Holiday on Reis" angesehen!

Mit dem Flugzeug startete ich dann nach Hawaii. Aber gerade über dem Marianen-Graben setzten die vier Triebwerke unseres Düsenjets aus! Über den Lautsprecher tönte die höfliche Stimme der Stewardeß: „Wir werden in wenigen Sekunden notwassern und bitten Sie, sich anzuschnallen. Nach der Landung benutzen Sie bitte die Notausgänge! Und nun verabschieden wir uns von unseren Nichtschwimmern und hoffen, Sie hatten bisher einen angenehmen Flug."

Nun gibt es dort ja viele kleine Inseln in der Nähe. Ich konnte also gerade noch bis zu einem von Menschenfressern bewohnten Eiland schwimmen. Aber die nehmen noch längst nicht jeden zum Verzehr. Mich fragte der Häuptling: „Wieviel Kalorien haben Sie? Meine Frau macht gerade eine Abmagerungskur!"

Da habe ich zugesehen, daß ich schnell nach Hawaii weiterkam. Auf der Trauminsel Hawaii gibt es ja schöne Frauen – und billig – angezogen! Nur überall mit Blättern. An und für sich wollte ich ja nur 3 Tage bleiben. Aber als ich das gesehen habe, bin ich doch bis zum Herbst geblieben!

Nach meinen schlechten Erfahrungen mit Flugzeugen überquerte ich ziemlich ängstlich den Pazifischen Ozean. Ich hatte auch in der Zeitung gelesen, daß die ‚American Airways' in den letzten Jahren zehn Prozent ihrer Fluggäste verloren haben.

Ich flog dann gleich durch bis Texas. Ich offenbarte dem Häuptling der Apachen: „Sie habe ich mir aber ganz anders vorgestellt. Sie haben ja keinen Federschmuck an." – „Nein", sagte der, „ich bin im Augenblick in der Mauser!"

Ich staunte auch darüber, wie ein Indianer Rauchsignale sendet. Ich wollte wissen: „Wieviel Holz brauchen Sie denn für so ein Feuer?" Die Rothaut wiegte unschlüssig den Kopf und meinte dann: „Kommt drauf an, ob es ein Orts- oder ein Ferngespräch werden soll!"

Die Texaner geben zwar gerne an, sind aber zum Teil doch sehr arm. Ein Cowboy wollte heiraten und sagte zu seiner Braut: „Nun mußt du mal einen Augenblick die Zähne zusammenbeißen, wenn ich dir das Brandzeichen mit dem Eisen auf den Hintern aufdrücke, – für einen Ring habe ich leider kein Geld!"

Ja, das sind rauhe Gesellen! Ich habe es mal erlebt, wie sie in einem Saloon einem einäugigen Barpianisten bei einer Schlägerei das ihm noch verbliebene Auge ausschossen. – Den störte das gar nicht. Er jubelte: „So ist es gut, so ist es richtig, zuerst immer auf die Lampen!"

Ich wollte dann zum Flußgebiet des Amazonas. Mein Gott, da kann man sich aber verlaufen. Da sieht man vor lauter Bäumen und Wasser den Wald nicht mehr. Die Eingeborenen haben dort Papageien gezüchtet, die viereckige Eier legen. Die gackern dann nicht wie die Hühner, sondern rufen: „Aua!"

Auch im Busch dort leben diese Konservenverächter, die Kannibalen. Mitten im Urwald hatten sie einen Mc-Donald-Laden aufgemacht. Jetzt warten sie nur noch auf einen Omnibus mit Hamburgern!

An dem Lokal hing auch eine Speisekarte. – Am teuersten waren die Politiker, weil die vorher so schwer sauber zu machen sind!

Die Frau des Häuptlings wollte einen Missionar nicht sehr lange im Kessel lassen. Sie hatte Angst, daß er, bevor er gar war, den ganzen Reis aufgefressen hatte.

Plötzlich zog eine Kompanie Kannibalen an uns vorüber, um auf den Kriegspfad zu gehen. – Ich wunderte mich und fragte den Häuptling: „Was, Sie haben hier weiße Offiziere?" – „Nein", sagte der, „das ist die Marschverpflegung!"

Aus dem angrenzenden Peru habe ich mir dann noch einen Schrumpfkopf mitgebracht. – Jetzt paßt mir kein Hut mehr!

Da bin ich schnell an die Küste gefahren und habe mich nach zu Hause eingeschifft. Das war noch mal ein Luxusliner! Ein phantastischer Service! Wenn ich nicht täglich seekrank gewesen wäre, hätte ich es fast gar nicht gemerkt, daß es eine Schiffsreise war.

In meiner First-Class-Kabine lag auf dem Nachttischchen ein Hinweisschild: „Zimmermädchen bitte dreimal drücken, Serviererinnen bitte nur einmal drücken." Bei den hübschen Mädchen ließ ich mir das natürlich nicht zweimal sagen!

Ja, Ferien sind wie Liebesabenteuer: Man fiebert ihnen entgegen, quält sich hindurch und denkt wehmütig daran zurück!

Auf dem Schiff traf ich auch noch einen alten Klassenkameraden. Er war Seemann gewesen, und er hatte nur noch einen Haken statt der rechten Hand, weil sie ihm seinerzeit in Shanghai beim Entern eines Schiffes einfach die Hand abgehackt hatten. – Jetzt hatte er auch noch ein Glasauge. Ich fragte ihn: „Na, ist das wieder in Shanghai passiert?" Erklärte er: „Nein, in Helgoland. Als ich am Strand spazieren ging, scheißt mir doch so eine Möwe ins Auge. Und bei dem Versuch, den Dreck rauszuwischen, habe ich nicht an den Haken gedacht!"

Ja, so suchte ich in der ganzen Welt Zerstreuung, – hatte sie aber zu Hause liegen lassen! Heutzutage machen die Leute eben Urlaub, wo sie früher nur als Schiffsbrüchige hingekommen wären!

Nächstens fahre ich aber nicht mehr nach Übersee. Denn, was die See mir zu bieten hat, das habe ich ja auch alles zu Hause: In der Geldbörse ist Ebbe und auf meinem Schreibtisch liegt eine Flut von unbezahlten Rechnungen!

Ja: Ein Globetrotter vom Westen
wollt' die ganze Welt einmal testen.
Doch, was Buntes er schaute
und euch anvertraute,
er fand: Daheim ist's noch immer am besten!

A l a a f !

Klein Schlauköpfchen und Groß Doofi

(Manes und Pitter)
Zwiegespräch von Heidi Spies

Manes: Mensch Pitter! Gut dat ich dich treffe. Wohin gehste denn jetzt noch so spät?
Pitter: Ich geh zur Abendpredigt.
Manes: Wat, so spät am Abend gehst du noch in die Kirche?
Pitter: Wer sagt denn, dat ich in die Kirche geh? Ich geh nach Haus zu meiner Frau!

Manes: Wie hat deine Frau es eigentlich aufgenommen, dat du am Feuerwehrball mit der Schmitzens Lisa im Spritzenhaus zugange warst?
Pitter: Wie? Auf Video natürlich!

Manes: Pitter, meine Frau ist ein Engel.
Pitter: Glückspilz, meine lebt noch!

Du ahnst ja gar nicht, was ich mitmache. Die Frau ist ja so nervös.
Manes: Dann laß sie doch eine Kur machen.
Pitter: Aber ich will nicht soviel dafür ausgeben
Manes: Wie wär es dann mit einer Hungerkur?

Pitter: Dat tät der gut.
Manes: Ich habe sie lange nicht mehr gesehen. Die war doch immer arg gut dabei.

Pitter: Dat kannste wohl sagen. Dat einzige, wat die fertig tragen kann, ist ein Schirm.

Manes: Also, mein Irmchen und ich, wir waren jetzt in New York.
Pitter: Donnerwetter! Deshalb hab ich dich seit Wochen nicht mehr gesehen. Sag, woher haste denn dat viele Geld? So 'ne Reise, die kostet doch ein paar Groschen.
Manes: Ich hab einen Onkel in Amerika beerbt. Der ist vor vierzig Jahren mit einem einzigen geflickten Hemd in die Staaten ausgewandert. Bevor er starb, hatte der zwei Millionen
Pitter: Mein Gott, wozu brauchte der denn so viele Hemden?

Sag mal, kannst du mir sagen, wieso die Menschen in New York immer sechs Stunden mit der Zeit hinterher sind?
Manes: Dat ist doch völlig klar, Pitter. Amerika wurde ja erst viel später entdeckt!

Von Amerika haben wir dann einen Abstecher nach Afrika gemacht. Dat war schon immer ein Traum vom Irmchen, einmal die Wüste Sahara zu sehen.
Pitter: Und? Hat es sich gelohnt?
Manes: Und ob, so 'nen langen Strand kannste dir gar nicht vorstellen. Allein mit dem Sand, den ich in den Schuhen hatte, kannste deinem Sohnemann 'nen Sandkasten füllen.

Pitter, stell dir vor, wie ich so durch die endlose Weite spaziere, nur Sand um mich herum und der ganze Himmel voll Sonne, kommt doch da ein Beduine auf seinem Kamel geritten, und hinter dem trottet schwerbepackt seine Frau.
Pitter: Zu Fuß?
Manes: Ja!
Pitter: Dat war aber ein feiner Kavalier.
Manes: Dat fand ich auch. Drum hab ich den gefragt, warum der seine Frau nicht reiten lassen würde.
Pitter: Und wat meint der?
Manes: Er ließ sie schon, aber sie hätte kein Kamel!

Ich sage dir, auf den Wüstenwanderungen hab ich Dinger erlebt! Plötzlich sehe ich am Horizont eine Staubwolke.
Pitter: Sandsturm!

Manes: Nein, kommen mir da zwei Männer entgegen, keuchend, schwer bepackt. Der eine trägt ein Telefonhäuschen auf dem Rücken.
Pitter: Jeck, der war wohl von Telekom?
Manes: Nein, das nicht.
Pitter: Dann sag mir doch um Gottes willen, wat wollte der mit dem Häuschen mitten in der Wüste?
Manes: Paß auf! Wie ich den genau dat frage, meint der: „Wenn ein Löwe kommt, dann stelle ich das Telefonhäuschen hin, gehe hinein, und dann kann mir der Löwe nix tun."

Pitter: Lieber Herrgott, der muß ja schon 'nen ganz schönen Sonnenstich gehabt haben. – Aber hast du nicht von zwei Kerlen gesprochen? Wat war denn mit dem anderen?
Manes: Genau so bekloppt. Der schleppte einen großen schweren Stein mit sich rum.
Pitter: Wollte der bauen?
Manes: Nein, auch für die Löwen.
Pitter: Wollte der mit dem Stein dat Tier erschlagen?
Manes: Nein, falls ein Löwe käm, wollte der abhauen.
Pitter: Und der Stein?
Manes: Den hätte er dann weggeschmissen, damit er schneller rennen könnt.

Pitter: Haste noch mehr so jecke Wüstengeschichten?
Manes: Die glaubste mir ja doch nicht.
Pitter: Doch, bestimmt.
Manes: Ich hab ein wildes Kamel getroffen.
Pitter: Wild?
Manes: Ja, dat gehörte keinem. Dat lag nur so da rum.
Pitter: Mitten in der Wüste?
Manes: Eja.
Pitter: Ganz allein?
Manes: Nein, da war noch 'ne Kuh dabei.
Pitter: Jetzt biste am lügen. In der Wüste gibt es keine Kühe.
Manes: Pitter, wenn ich dir dat sage: Ein Kamel und eine Kuh liegen in der Wüste nebeneinander in der Sonne.
Pitter: Sonst nix?
Manes: Nein, denen ist es langweilig.
Pitter: Woher weißte dat?
Manes: Dat erkenn ich mit einem Blick. Schrecklich langweilig war denen. Plötzlich sagt dat Kamel zu der Kuh: „Du wir machen eine Milchbar auf."

Pitter: Manes, hör auf, jetzt ist es doch gelogen!
Manes: Pitter, ich schwöre dir, mitten in der Wüste Sahara . . .
Pitter: . . . will ein Kamel 'ne Milchbar aufmachen?
Manes: Eja!
Pitter: Und die Kuh, wat meinte die dazu?
Manes: „Prima Idee. Aber wie?"
Pitter: Jetzt bin ich aber gespannt.
Manes: „Ganz einfach", sprach dat Kamel, „du lieferst die Milch und ich die Höcker."

Sag mal, ich hab gehört, du hast dir während meiner Abwesenheit ein Auto gekauft?
Pitter: Oja, Manes! Ein ganz kleines Mini-Mobil. Toll, Manes, keine Parkplatzsorgen, kaum Benzinverbrauch, Steuer minimal. Dat ist praktisch ein fahrendes Nummernschild.

Manes: Läßt de dat denn auch regelmäßig warten?
Pitter: Quatsch, auf wen denn?

Jetzt wollte der doch nicht anspringen. Ich den zur Werkstatt geschoben und nach paar Stunden wieder abgeholt. – Also so ein Spinner von Mechaniker.
Manes: Wieso?
Pitter: Sagt der, er hätte vier neue Kerzen aufgesteckt.
Manes: Ja und?
Pitter: Lieber Manes, Advent is doch vorbei!

Manes: Haste denn mit dem Wägelchen schon schöne Tourchen gemacht?
Pitter: Herrlich, Manes, einfach herrlich. Dat schönste ist, dat dat so klein ist.
Manes: Ich weiß, kein Parkplatzsorgen . . .
Pitter: . . . und meine Frau paßt nicht rein!

Letztens bin ich den Rhein rauf zum Angeln gefahren.
Manes: Soso, haste auch was gefangen?
Pitter: Eja!
Manes: Wat denn?
Pitter: Einen Karpfen.
Manes: Du bist ja bekloppt. Karpfen findeste doch nicht im Rhein.
Pitter: Aber sicher. Das war ein Karpfen. Der war mit Absicht da. Der wollte Chemie studieren.

	Ein anderes Mal bin ich gegen Norden gedüst. Kennste den Ärmelkanal?
Manes:	Pitter, du weißt doch, dat unsere Straße noch nicht verkabelt ist!

	Sag mal, weißt du, wie am Samstag der FC gespielt hat?
Pitter:	Warte mal, also wenn mich nicht alles täuscht, in der ersten Halbzeit von links nach rechts und in der zweiten umgekehrt.

Manes: Du Jeck, dat interessiert doch keinen.
Pitter: Wenn dich dat nicht interessiert, warum fragste dann?

	Warste am Sonntag nicht im Stadion?
Manes:	Nein, sonst würde ich doch nicht fragen. – Ich hab was für die Kultur getan. Ich hab mir Goethes Faust angeguckt.
Pitter:	Seit wann interessierst du dich für Boxen?

Manes: Jeck, dat ist ein Theaterstück.
Pitter: Ach so.
Manes: Kennste nicht unseren Goethe?
Pitter: Selbstverständlich kenne ich den Goethe. – Deutsche Literatur. – Ich wußte nur nicht, dat der auch geboxt hat.

Manes: Pitter, ich sag dir, dat Kölner Schauspielhaus ist total verbaut.
Pitter: Tatsächlich?
Manes: Total bekloppter Architekt! – Alle Balkone nach innen!

Pitter: Apropos Theater, Manes, ich muß nach Hause. Ich will unbedingt noch den Krimi sehen.
Manes: Pitter, diese Krimis im Fernsehen sind doch total unrealistisch.
Pitter: Sag dat nicht, Manes. Am Samstag, der war brandheiß aus dem Leben gegriffen.
Manes: So?
Pitter: Eja, der Kommissar fand doch tatsächlich keinen Parkplatz!

A l a a f !

Ein gewitzter Bauer

Büttenrede von Werner Flügge

Die Leute sind doch sehr verschieden. Die einen schwärmen für den Rhein, – das sind die Rheinschwärmer. Die anderen schwärmen für die Ahr, – das sind die Ahr-schwärmer.

Eigentlich wollte ich hier ja den ältesten Einwohner unseres Ortes vorstellen. Er konnte aber leider nicht kommen. Sein Vater hat heute Geburtstag.

Bei uns im Wald, da haben sie jetzt ein Schild aufgestellt. Da steht drauf: „In diesem Wald ist schon mancher mit einem Wildschwein verwechselt worden. Bitte gehen Sie aufrecht und schwenken Sie Ihren Hut!"

Ein Bauer aus der Nachbarschaft sagt immer: „Wissen ist Macht, nichts wissen macht auch nichts!"

Es ist ja einfach herrlich bei uns auf'm Dorf. Die ha'm jetzt Wanzen mit Glühwürmchen gekreuzt. – Damit die Gammler Licht im Bett haben.

Unser Pfarrer hat letztes Jahr einen Adler mit einem echten Skunk gekreuzt. – Das Tier stinkt jetzt gen Himmel.

Meint ein Bauer: „Ich züchte jetzt Kaninchen." Ich sage: „Verstehst du denn was davon? Sagt der: „Ich nicht, aber die Kaninchen."

Jo, das ist eine Kanone: Als Mensch unmöglich, als Schwein zu kleine Ohren!

Der läßt nachts immer die Gartentür auf. Damit die Blumen frische Luft kriegen.

Der ist schon vierzig Jahre Melker. Wenn man dem die Hand gibt, schüttelt er jeden Finger einzeln.

Der ist ja auch glücklich verheiratet. – Sie ist glücklich und er ist verheiratet.

Aber das ist eine Frau. Wenn die lacht, sieht sie aus wie'n vorbestrafter Schuhlöffel.

Und groß ist die. Zwei Meter siebzig. Wenn die im Januar kalte Füße hat, ist sie im April erkältet.

Mein Nachbar ist gestern aufs Polizeirevier gegangen und hat seine Frau als vermißt gemeldet. Fragt ihn der Wachtmeister: „Seit wann ist sie denn verschwunden?" Sagt er: „Jo, seit sechs Jahren." – „Und da kommen Sie jetzt erst?" staunt der Beamte. Sagt er: „Jo, wir feiern in zehn Tagen Silberhochzeit, und da hätte ich sie schon ganz gerne dabei gehabt."

Um schlanker zu werden, geht die Frau von meinem Kumpel jetzt immer reiten. – Jo, das Pferd hat schon zehn Pfund abgenommen.

Aber die ham 'ne Wohnung. Die ist vielleicht feucht. Wenn die fernsehen wollen, müssen die 'n Scheibenwischer anstellen.

Die Wände sind so dünn. Wenn er Herzklopfen hat, nimmt sein Nachbar Baldrian.

Die Wohnung ist so eng, die müssen sich jeden Tag die Nägel schneiden. – Sogar der Nachttopf hat den Henkel innen.

Sind wir jetzt in 'ne Kneipe gegangen. Ich sage ja immer: „Lieber ein stadtbekannter Trinker als ein anonymer Alkoholiker."

Wir kommen rein. Sagt der Wirt doch sofort zu mir. „Walter, du hast hier noch zehn Bier stehen." Ich sage: „Schütt' se weg, die schmecken jetzt sowieso nicht mehr."

Als wir uns ein paar genehmigt hatten, gingen wir zusammen aufs „Stille Örtchen". Nach einer Weile sagt er zu mir: „Walter, was hab' ich in der linken Hand?" Ich sage: „Nichts." Fragt er: „Was hab' ich in der rechten Hand?" Ich sage: „Auch nichts." Meint er: „Verdammt, dann pinkel ich mir schon wieder in die Hose."

Unser Wirt hat ja auch 'nen tollen Werbeslogan: „Legen Sie Ihr Geld in Alkohol an. Wo sonst bekommen Sie bis zu 56%?"

Dem Wirt sein jüngstes Kind läuft jetzt seit drei Wochen. – Jo, das muß inzwischen aber ganz schön müde geworden sein!

Er hat jetzt vierzehn Kinder. Der wird noch mal an Überzeugung sterben!

Bei dem traut man sich gar nicht zu fragen: „Was gibt's Neues?"

Als ich mir so'n Kleinen angesäuselt hatte, hab' ich auf'm Heimweg erstmal 'nen ordentlichen Umtrunk gestartet. Ich kam betrunken nach Hause, klingel an der Tür und mein Sonnenstern macht auf. Ich sage: „Na du alter Haudegen, bring mir mal ganz schnell 'nen Kübel, ich muß mich übergeben." Als sie den Eimer gebracht hatte, sage ich: „Bring mir lieber ein paar frische Unterhosen, ich habe es mir gerade anders überlegt."

Bevor ich es mir jetzt anders überlege, werde ich lieber gehen, doch

    es braust ein Ruf wie Donnerhall:
    „Die Zwiebeln werden langsam all!"
    Doch ein Professor sagte noch vor kurzem:
    „Man kann auch ohne Zwiebeln . . . fröhlich sein!"

        A l a a f !

Ein Auto-Rennfahrer

Büttenrede von Detlev Schumacher

Der Rennleiter kam, sah mich und meinte: „Du scheinst ja ein ziemlich starker Bursche zu sein, den die anderen fürchten müssen." Ich antwortete ihm: „Sie werden seh'n, wie gefürchtet ich bin – ich treibe die anderen alle vor mir her."

Meine erste Alleinfahrt ist noch heute bei der Polizei und den Streckenposten haarsträubend nachzulesen. Ich kenne noch ein altes Sprichwort aus Großmutters Zeiten, was aber gar nicht zum Rennsport passen will: ‚Der Mensch denkt und Gott lenkt.' Nun, ich muß wohl was anderes gedacht haben – aber, von wegen ‚Gott lenkt'. – Der kennt sich auf dem Nürburgring überhaupt nicht aus.

Zum Glück ist ja heute alles so modern, daß wir Piloten immer über Bordfunk mit der Box sprechen können. Ich stellte das Gerät an und rief hinein: „Ich habe ja überhaupt keine Bremsen im Wagen!" Rief der Rennleiter zurück: „Einem Nachwuchsfahrer geben wir nur Gebrauchtwagen und an denen fehlt hier und da schon mal ein Teil."

Ich war gerade dabei, einen Rundenrekord aufzustellen, da bemerke ich, daß jemand neben mir herfährt und zu mir herüberruft: „Du hast hinten ein Rad verloren!" Ich rief zurück: „Erstens gehört das Auto nicht mir und zweitens haben sie an den Boxen stapelweise neue liegen."

Weil mein Motor sich ein Wölfchen gelaufen hatte, bin ich dann doch einmal an die Boxen gefahren. Ich fahre ja vorsichtshalber nach jeder Runde an die Boxen. Schon alleine um zu fragen, wie es weiter geht. Jedenfalls bekam ich ein neues Hinterrad. Ich sagte zu dem verrückten Monteur: „Hier hast du mein Feuerzeug, schau mal, ob noch genügend Benzin im Tank ist. Ich habe den seit diesem Tage nicht mehr gesehen!

Aber eins hatte unser Team sehr schnell spitzgekriegt. Die lassen mich nie ein Rennen bei Gewitter fahren. Ich ständ zuviel auf den Bremsen. Ich sage: „Das ist die angeborene Vorsicht. Immer wenn es blitzt, meine ich, es wäre eine Radarfalle und dann bremse ich eben."

Selbstverständlich ist Autorennen fahren mit einem Risiko verbunden. Ich weiß es noch wie heute. Ein Streckenposten winkte mit seiner Fahne. Ich dachte, es wäre ein Anhalter und zack – hatte ich ihn auf meiner Kühlerhaube hängen. Meine Güte, hat der um Hilfe geschrien und lamentiert. Ich rief ihm zu: „Wenn du schon mal da vorne hängst, kannst du mir auch gleich mal die Windschutzscheibe putzen!"

Aber der Bursche nahm mir völlig die Sicht und so kam, was kommen mußte. Zuerst ging es durch eine aufgestellte Reifenmauer, dann sachte durch einen Haufen Strohballen und der endgültige Stop war dann die unnachgiebige Betonmauer. – Gott sei Dank waren alle sofort da, besonders die Jungs mit dem Schaumlöscher. Einer hielt mir den Strahl ins Gesicht und meinte, ich müßte mich sowieso rasieren.

Im Spital hatten sie mich total eingegipst. Ich konnte nur noch die Nase bewegen. Im Bett neben mir lag ein Mann, der war noch schlimmer dran als ich. Ich stellte mich vor: „Gestatten, Schumacher, Formel-Eins-Fahrer, etwas von der Bahn abgekommen." Meinte der: „Angenehm, Böllmann, Schiedsrichter, Elfmeter gegen Platzverein gepfiffen!"

Wir kamen dann so ins Gespräch. Ich erzählte übers Auto-Rennen, er über'n Fußball. Meinte er: „Ich kenne Sie, warum fahren Sie immer so oft an die Boxen?" Ich antwortete ihm: „Meistens ist das ein Mißverständnis. Wenn ich die Box anfunke: ‚Hallo Box', dann ruft immer einer zurück: ‚Hier Box, bitte kommen' – und das mache ich dann."

Bei Auswärtsrennen kannst du schon was erleben. Ich war in Berlin beim Avus-Rennen irgendwo einquartiert – oh weh! Ich beschwere mich bei der Schlummermutter: „Sie glauben doch wohl nicht im Ernst, daß ich in so einer Schaukel von Bett übernachte?" Meinte sie: „Männeken, in diesem Bett hat bei der Olympiade schon Hans Günter Winkler geschlafen." Ich sage: „Der bestimmt nicht – vielleicht sein Pferd!"

Ich zog dann in ein anderes Hotel. Hundert Mark die Nacht. Ich sage: „Ich habe aber nur neunzig Mark." Meinte der Portier: „Macht nichts – dann wecke ich Sie eine Stunde früher!"

In der Nähe von der Avus ging ich morgens frühstücken. Ein Kollege warnte mich: „Hier mußt du aufpassen, in Berlin stehlen sie wie die Raben. Du hast deinen Helm so einfach an die Wand gehängt." Ich beruhigte ihn: „Keine Angst, ich habe den Helm immer im Auge." Nach zehn Minuten kam er und meinte: „Habe ich es dir nicht gesagt? Sie stehlen wie die Raben." Ich war erstaunt: „Wieso, mein Helm hängt doch noch da." Darauf er: „Klar, aber dafür ist der Teller mit deinem Frühstück weg."

Ich entstamme ja einer alten Sportlerfamilie. Mein Vater beispielsweise war ein traumhafter Thekenfußballer. Wenn er so erzählte: Die konnten sich nicht schonen! Thekenmannschaften haben jeden Abend Training. Die spielten das neue „Drei-Vier-Bier-System". Die standen wie eine Eins – da saß keiner auf der Bank. Wenn es dunkel wurde, schaltete der Wirt das Thekenflutlicht an und trotz der Strapazen gingen die Brüder nach der Sperrstunde noch in die Verlängerung!

Da haben wir modernen Formel-Eins-Piloten es heute doch gemütlicher. Wir haben im Cockpit ein Fernsehgerät, damit es uns bei dem ständigen ‚Rundum' nicht langweilig wird. Natürlich immer mit der richtigen Videokassette. Bei einem Zusammenstoß legst du „Der Landarzt" ein, kommst du knapp an einer Karambolage vorbei, dann siehst du „Wie gut, das es Maria gibt" und bei einem Sieg vielleicht ein Stückchen von „Tutti-Frutti".

Vergangene Woche hatten wir Versammlung. Wir saßen in gemütlicher Runde. Plötzlich gab es einen Knall, viel Staub und Geklirre. Ein Bekannter von uns, ein Kiesfahrer, war mit seinem Laster durch die Tür hereingebraust. Er stieg aus, ging an den Zigarettenautomat, zog sich eine Packung HB, setzte sich wieder in den Laster, Rückwärtsgang rein und wieder raus. Als sich der Staub etwas verzogen hatte, sagte ich zu dem Wirt: „Ist dir eigentlich nichts aufgefallen?" Meinte der: „Du meinst den mit dem Lastwagen – jetzt fällt es mir ein – der raucht sonst ‚Lord Extra'."

Ich gehe nicht in Discos, ich mache keine Sause.
Piste und Cockpit, das ist mein Zuhause.
Gewiß, ich bin kein Meistergenie,
oben auf dem Treppchen stand ich noch nie.
Doch eines Tages werde ich als Erster über die Ziellinie flitzen
und alle drumherum mit Champagner bespritzen.
Doch für meinen Rennsport bleibe ich Feuer und Flamme,
bis dahin Alaaf und Tschüß zusamme.

A l a a f !

Ein Beamter

Büttenrede von Hermann Hügel

Will ich Beamter werden, meinen immer alle, dazu wäre ich zu blöd. Stehe ich im Karneval in der Bütt, meinen immer alle, ich hätte das Zeug zu einem Beamten.

Ich kann mir vorstellen, daß ich ein sehr guter Beamter wäre. Ich arbeite immer nach der „Robinson-Methode". – Warten auf Freitag!

Sicher kennt ihr ja alle den höchsten Beamtenfeiertag?! – Siebenschläfer!

Kennt ihr auch den Unterschied zwischen einem Bären und einem Beamten? – Der Bär schläft nur im Winter!

Da sagte doch neulich im Rathaus ein Beamter zum anderen: „Ich weiß gar nicht, was die Leute alle gegen uns Beamte haben. Wir tun doch gar nichts!"

Kennt ihr schon die Art, wie ein Beamter seinen neuen Arbeitsplatz antritt? – Wenn dies ein Beamter des einfachen Dienstes ist, erhält dieser als Erstausstattung einen weichen Bleistift, einen harten Bleistift, einen Kugelschreiber und einen Radiergummi. Wird dagegen ein Beamter des gehobenen Dienstes eingestellt, dann erhält dieser als Erstausstattung einen weichen Bleistift, einen harten Bleistift, einen Kugelschreiber und zwei Radiergummi, – damit ihm beim Nachdenken die Ellbogen nicht wegrutschen.

Aus demselben Grund ist auch das Tragen von Krawatten Pflicht. Gemäß Dienstanweisung 08/15, in der Fassung vom 1. Mai 19.., letztmals geändert am 1. Mai 19.. (GBl. Seite 111) muß diese bei schwerer geistiger Arbeit in die Schublade des Schreibtisches eingeklemmt werden, damit sich der Beamte beim Einschlafen nicht das Genick bricht!

Wie ich kürzlich erfahren habe, stellt die Gemeindeverwaltung in den nächsten Wochen einen „Na-Na-Mann" ein. Dieser muß bei Tanzveranstaltungen in der Stadthalle immer von Auto zu Auto gehen, an die Fenster klopfen und sagen: „Na, na, das tut man hier doch nicht!"

In einem Nachbarort kam vor einigen Tagen ein Beamter sehr spät vom Rathaus nach Hause. Tadelte ihn seine Frau und fragte: „Wo warst du denn so lange? So lange warst du doch noch nie auf dem Rathaus!" Jammerte der Mann: „Das war ein schlechter Scherz von meinen Kollegen! Die haben mich bei Dienstschluß nicht geweckt!"

Obwohl, so schlimm ist es mit den Beamten nun auch wieder nicht. Ich habe den neuen Bürgermeister der Nachbargemeinde gefragt, wie ihm denn sein Amt gefällt. Meinte der: „Es geht, nur kann ich nicht mehr schlafen." Wollte ich wissen: „Du Ärmster, warum denn nicht?" Meinte der Bürgermeister: „Meine Kollegen schnarchen alle so laut!"

Dann erzählte er mir noch, daß er schon als Kind in die Politik wollte. Doch sein Vater meinte: „Nein, du hast in der Schule gute Zeugnisse, du lernst einen anständigen Beruf."

Übrigens, an was erkennt man auf der Behörde einen Streber? – Ein Streber ist einer, der auf den Schreibtisch seines Vorgesetzten Niespulver streut, damit er recht oft „Gesundheit" sagen kann.

In der Zeitung stand kürzlich über den Viehmarkt in der Kreisstadt zu lesen: „Mit dem Eintritt des Herrn Bürgermeisters nahm die Rindvieh-Ausstellung ihren Anfang."

Als ich neulich abends nach Hause ging, traf ich einen Mitbürger, der einen zuviel getrunken hatte. Plötzlich stellte sich der an eine Hausecke, packte aus und begann zu pinkeln. „Hallo, hör mal", schimpfte ich, „das kannst du doch nicht machen, hier ist doch keine öffentliche Bedürfnisanstalt!" Grunzte der: „Aber da gehört eine hin!"

In der Nachbarstadt war kürzlich auf dem Rathaus eine sehr langweilige Dienstbesprechung. Plötzlich stieß der Vorsitzende der Oppositionspartei seinen Stellvertreter an und meinte: „Guck mal, unser zweiter Bürgermeister schläft." Meinte der Angesprochene: „Deswegen brauchst du mich doch nicht zu wecken!"

Vom Landratsamt beklagte sich ein Beamter über ständige Kopfschmerzen. Die Kollegen rieten ihm, er solle doch einmal zum Arzt gehen. Als er von dort zurückkam, berichtete er: „Stellt euch vor, der hat sogar meinen Kopf geröntgt, aber gar nichts gefunden."

Ein anderer Kollege saß über einem Kreuzworträtsel. Er fragte sein Gegenüber: „Was ist ein Vakuum?" Der Befragte überlegte eine Weile, dann sagte er: „Ein Vakuum? Ich hab's im Kopf, aber ich komme nicht drauf!"

Übrigens mußte vor ein paar Tagen einer meiner künftigen Kollegen mit einem Schwindelanfall ins Krankenhaus eingeliefert werden. Der hatte ein Rundschreiben zu schnell gelesen.

In einer Nachbargemeinde saß kürzlich ein Beamter an seinem Schreibtisch und träumte von einer Fee, die ihm drei Wünsche gewährte. Als erstes wünschte er sich, auf einer schönen sonnigen Insel zu sein. Im gleichen Augenblick fand er sich auf Hawaii wieder. Sein zweiter Wunsch waren drei hübsche, junge eingeborene Bikinischönheiten. Und tatsächlich, schon wurde er von drei zauberhaften Mädchen umschwirrt. Sagte die Fee: „Nun hast du nur noch einen Wunsch frei. Überlege ihn dir gut!" Der Beamte sagte: „Jetzt wünsche ich mir, daß ich mein Leben lang nichts mehr arbeiten muß." Da tat es einen fürchterlichen Schlag – und er saß wieder an seinem Schreibtisch!

Übrigens muß jetzt auf allen Behörden dreilagiges Klopapier verwendet werden, weil man dort von jedem Scheiß zwei Durchschläge braucht!

Kennt ihr übrigens das beliebteste Unterhaltungsspiel auf den Behörden? – Beamten-Mikado! – Wer sich als erster bewegt, hat verloren.

Kam kürzlich ein Beamter zum Psychiater und sagte: „Ich rede im Schlaf." Meinte der Arzt: „Nun, so schlimm ist das doch nicht."

Darauf der Beamte: „Doch, Herr Doktor, das ganze Büro lacht schon darüber!"

Auf dem Bürgermeisteramt einer Kreisgemeinde wurde kürzlich ein Findelkind abgeliefert. Es hatte einen Zettel am Hals hängen und darauf stand, daß ein Beamter dieses Rathauses der Kindesvater wäre. Meinte der dortige Bürgermeister bei der morgendlichen Dienstbesprechung: „Gratuliere, meine Herren. Endlich wurde einmal in unserem Rathaus etwas mit Lust und Liebe gemacht, das Hand und Fuß hat!"

Liebe Närrinnen und Narren! So sind sie, die Beamten. Trotzdem ist es die beste Lösung, wenn auch weiterhin der Blödsinn nicht auf dem Rathaus, sondern in der Bütt gemacht wird.

A l a a f !

Ein Landarzt

Büttenrede von Franz Unrein

Kaum hatte ich meine Praxis eröffnet, da saß schon das halbe Dorf im Wartezimmer. Der erste, der rein kam, war ein Bauernbursche. Ich fragte: „Was haben Sie dann?" Meinte er: „Ich habe noch Scherben von einem Bierkrug im Kopf. Von einer Schlägerei vor vier Wochen beim Schützenfest." Ich sage: „Und dann suchen Sie erst jetzt einen Arzt auf?" Meinte er: „Ja, es ist ja nicht nur wegen den Scherben, sondern weil ich meiner Frau immer das Kopfkissen zerreiße!"

Wie ich den zweiten Patienten untersucht hatte, sage ich: „Auf Anhieb kann ich noch keine Diagnose stellen, wahrscheinlich ist der Alkohol schuld." Meinte der: „Gut, dann komme ich wieder, wenn Sie nüchtern sind."

Aber was man so alles als Arzt erlebt! Die nächste Patientin hatte sich gerade frei gemacht, sage ich: „Was ist das denn, wer hat Ihnen denn den Blinddarm rausgenommen? Der ist ja nicht genäht, sondern Sie haben einen Reißverschluß dran." Sagte sie: „Das ist so! Mein verstorbener Mann war hier früher Arzt. Ich habe meinen Blinddarm noch. Aber mit dem Reißverschluß konnte mein verstorbener Mann immer sehen, wie ein Blinddarm aussah."

Kommt ein alter Opa rein. Der war 105 Jahre alt! Ich fragte ihn: „Na, Opa, immer noch rüstig? Wie lange haben Sie denn nicht mehr mit einer Frau geschlafen?" Sagt er: „Neunzehnfundvierzig." Ich sage: „Das ist aber schon lange her." Er sah auf seine Uhr und meinte: „Wieso, jetzt haben wir gerade zwanzigfünfzehn!"

Wie ich den untersucht hatte, sage ich: „Morgen früh kommen Sie wieder und bringen Ihren Urin mit." Anderen Morgens kommt der mit einem Nachttopf voll Urin. Ich sage: „Du lieber Himmel, sind Sie damit zu Fuß gekommen?" Meint er: „Nein, mit dem Bus, Herr Doktor!"

Nach der Sprechstunde fuhr ich mit meiner Frau durch das Dorf. Sie sagte: „Rase doch nicht so! Wenn jetzt der Polizist käme!" Ich sage: „Da brauchst du keine Angst zu haben. Dem habe ich eine Woche Bettruhe verordnet."

Anderen Morgens war das Wartezimmer wieder proppenvoll. Kommt ein Bauer rein und meint: „Mir ist vom langen Sitzen der Hintern eingeschlafen." Ich sage: „Hoffentlich fängt der jetzt nicht hier noch an zu schnarchen!"

„Na", sage ich, „was haben wir dann?" Meinte der: „Och, im Dorf lachen die Leute mich alle aus." Ich frage: „Warum denn das?" Sagt er: „Weil ich öfters meinen Hintern aus dem Fenster halte." Ich sage: „Warum machen Sie das?" Meinte er: „Sie haben mir doch Rotlicht verschrieben – und wenn die Ampel uns gegenüber auf Rot springt, halte ich eben meinen Hintern raus!"

Ich sage: „Ihren letzten Scheck hat die Bank nicht angenommen, der ist zurückgekommen." Sagt er: „Ja, sehen Sie, mein Rheuma auch!"

Meinte er: „Können Sie mir mal was anderes verschreiben, z. B. ein altes Hausmittel?" Ich sage: „Sie müssen viel Obst essen, und zwar mit der Schale. Welches Obst essen Sie denn am liebsten?" Meinte er: „Kokosnüsse und Ananas!"

Ich liege abends im Bett. Plötzlich klopft es an der Haustür. Ich rufe schlaftrunken: „Was gibt es?" Steht ein Bauer draußen und fragt: „Was verlangen Sie für einen Krankenbesuch im Nachbardorf?" Ich sage: „50 Mark." Meinte er: „Ist gut. Kommen Sie." Ich hole also meinen Wagen und fahre mit dem in das nächste Dorf. Wie wir da ankommen, gibt er mir die 50 Mark. Ich frage: „Wo ist denn der Kranke?" Meinte er: „Es gibt keinen Kranken. Aber ich konnte um diese Zeit beim besten Willen kein Taxi mehr kriegen!"

Als Privatpatient habe ich den Huberbauer. Treffe ich den auf der Straße und frage: „Wie geht es Ihnen?" Meinte er: „Ich habe eine große Familie, bin reich. Aber es geschieht immer öfter, daß ich hinter meiner Magd in die Scheune nachlaufe." Ich sage: „Wie alt sind Sie denn?" Meinte er: „75." Ich sage: „Aber das ist doch ein Beweis für eine beachtliche Vitalität." Meinte er: „Ja, aber wenn ich die Magd eingeholt habe, weiß ich nicht mehr, was ich wollte!"

Ja, man erlebt so manches auf dem Lande. Kommt ein Pärchen zu mir: „Herr Doktor, wir haben ein sexuelles Problem." Ich sage: „Und wie merken Sie das?" Meinte sie: „Am liebsten würden wir Ihnen das einmal vorführen." Ich sage: „Von mir aus. Da drüben steht eine Liege." Die zwei da drauf und liebten sich. Wie die fertig waren, frage ich: „Und wo ist das Problem?" Meinte sie: „Wir haben kein Geld für ein Hotelzimmer!"

Dem Wirt aus der Dorfschenke hatte ich den Blinddarm rausgenommen. Nach drei Wochen kommt der zur Nachuntersuchung. Ich sage: „Das ist gut, daß Sie kommen. Seit der Operation vermisse ich meine Armbanduhr." Meinte er: „Das könnte sein. Ich höre immer schon ein Ticken. Aber lassen Sie die ruhig drin, dann sieht mein Bandwurm immer, wie spät es ist!"

Sonntag morgens, ich will in die Kirche gehen, begegnet mir der Bürgermeister. Ich sage: „Na, alles gesund bei Ihnen?" Meinte er: „Oh ja, Herr Doktor. Aber wenn ich mal merken würde, daß die Potenz nachläßt, dann würde ich mich sofort erschießen." Da ging oben ein Fenster auf und seine Frau rief: „Feuer!"

Montag war wieder Hochbetrieb, kommt eine Bäuerin und meint: „Könnte es sein, Herr Doktor, daß Sie die Hormontabletten vertauscht haben?" Ich frage: „Wieso?" Sagt sie: „Ich muß mich täglich rasieren und mein Mann häkelt seit einer Woche eine Bettdecke!"

Am schlimmsten sind manchmal die Alten. Kommt morgens so eine Uroma ins Sprechzimmer und sagt: „Mein Mann ist nicht mehr so, wie er in den Flitterwochen war. Ich sage: „Wie alt sind Sie?" Meint sie: „98." „Und Ihr Mann?" – „92." Ich frage sie: „Und wann haben Sie das zum ersten Mal gemerkt?" Sagt sie: „Gestern abend und heute früh."

Aber auch die Jungen haben so ihre Wünsche! Fragt mich ein steiler Zahn: „Ich kann nachts immer so schlecht schlafen. Haben Sie nicht zufällig einen Patienten, der dieselbe Krankheit hat?"

Ich frage: „Wie geht es Ihnen sonst?" Meinte sie: „Fabelhaft!" – „Und Ihrem Mann?" Meint sie: „Einzelhaft."

                        A l a a f !

Ein Quizmeister

Büttenrede von Max Mauel

Weil ich schon als Kind immer gut dumm fragen konnte, hab ich mich beim Fernsehen als Quizmeister gemeldet. Der Regisseur fragte: „Wie steht es denn mit Ihrer Bildung?" Ich sagte: „Ganz toll, ich lese jeden Tag die Bildzeitung."

Fragte er weiter: „Sprechen Sie Englisch?" Ich sagte: „Oui, oui." Meinte er: „Das ist doch Französisch." Ich sagte: „Französisch kann ich also auch."

Haben sie mich zu einer Probesendung genommen. Also, ich habe denen einen Quizmeister hingelegt. Der liegt heute noch da! – Die waren platt, was ich an Charme und Schweiß versprüht habe, . . . die mußten die Kameras mit dem Scheibenwischer sauber halten!

Erst wollte ich im Frack auftreten, aber dann bin ich doch im eigenen Anzug hin. Von einem holländischen Schneider: Van der Stange.

Die Kandidaten erschienen, ich hab sie interviewt und dann ging es los. Der erste war von Beruf Beamter. Meine Frage: „Was halten Sie von der 35-Stunden-Woche?" Seine Antwort: „Gar nix. Dagegen protestiere ich energisch. Dabei gehen uns zu viele Stunden vom Schlaf ab!"

Die Beamten kriegen ja keine Gehälter. O nein, die kriegen Schonbezüge. – Wenn ein Beamter Vater von Drillingen wird, verschickt er Karten. Steht drauf: Kind mit zwei Durchschlägen angekommen.

Meine Frage an ihn war: „Es ist grün, hängt an der Wand und bellt." Wußte der nicht. Dabei ist das ganz einfach: Ein kleiner Hund im Rucksack.

Na ja, er kriegte einen Trostpreis. Eine Schallplatte mit dem Lied für Beamte: ‚Ich träume mit offenen Augen.'

Dann kam der nächste. Ich frage: „Sind Sie verheiratet?" – „Nein", sagte er, „geschieden." Ich frage: „Sind Sie mit der Scheidung zufrieden?" Sagte er: „Überhaupt nicht. Das Auto hat meine Frau gekriegt und das war von mir. Das Kind habe ich gekriegt und das ist bestimmt nicht von mir."

Dann hab ich gefragt: „Warum gab es früher weniger Scheidungen als heute?" Sagte er: „Weil die Frauen früher nach dem Waschen noch genauso aussahen wie vorher."

Dann kam die Quizfrage: „Kann man von ‚Hoffmanns-Tropfen' schwanger werden?" Fragt der zurück: „Wie alt ist der Herr Hoffmann?"

Dann hatte ich noch 'ne Ersatzfrage: „Warum ist es günstig, wenn im Theater in der 1. Reihe Männer mit Glatze sitzen?" Das hat er gewußt. Er sagte: „Wenn im Theater in der 1. Reihe Männer mit Glatze sitzen, können die Einarmigen in der 2. Reihe besser klatschen!"

Dann kam eine Kandidatin. Geboren in Paris. Und so ein Zufall, ich hatte an dem Tag drei kleine Landsmänner von ihr in der Tasche.

Ich war mal mit dem Kegelclub in Paris. Wir gingen über die breite Straße da, na wie heißt sie, ach so, Champes Elises *(sprechen wie geschrieben)*, und da begegnete uns ein Madämchen. Wauau, hatte die vielleicht Holz vor der Tür. Also, der Vater muß ein Holzhändler gewesen sein. Die blinzelte mich an, wogte mit ihrem Riesengebirge an mir vorbei und sagte: „Ollala, Aleman!" Ich sagte: „Nix alle Mann, – erst ich und dann die anderen."

Also, ich hab die Kandidatin erst in französisch begrüßt: „Vulle wu amur, wasch die Kuh", und was so gepflegte Unterhaltung ist. Meine erste Frage: „Was wissen Sie vom Paradies?" Sagt sie: „Schöner Garten, Apfelbäume, nicht dran gehen, doch drangegangen – raus!"
Zweite Frage: „War Eva eifersüchtig?" – „O ja, immer wenn Adam sich zum Schlafen hinlegte, zählte Eva heimlich seine Rippen."
Dann die dritte Frage: „Was sagte Eva, als sie den Adam zum ersten Mal nackt sah?" Die Frau überlegte und überlegte. „Ja", sagt sie, „also das ist ein Ding." Hab ich gerufen: „Jawohl, die Frage ist richtig beantwortet."

Sie bekam als Preis den Uhrmacherroman ‚Wem die Stunde schlägt' und einen vierteiligen Bikini. Die vier Teile bestanden aus Strohhut, zwei Sandalen und Sonnenbrille!

Dann kam ein männlicher Kandidat. Von Beruf Reitlehrer. Er sagt: „Das ist ein Geschäft, das viel abwirft." Ich hab ihn gefragt: „Ist der Morgenritt eigentlich gesund?" Sagt er: „Und ob, besonders bei offenem Fenster!"

Habe ich ihm erzählt: „Ich habe auch mal Reitunterricht genommen. Meine ersten Stunden sind aber im Sande verlaufen."

Dann meine Frage an den Kandidaten: „Wer war Beethoven?" – „Ja", sagte er, „also das war ein Musiker, also der war sowas wie der Willi Ostermann, womit ich aber nix gegen den Ostermann gesagt haben will."

Zweite Frage: „Wie verkehren Igel?" Antwort: „Vorsichtig, sehr vorsichtig!"

Nächste Frage: „Was ist der Unterschied zwischen arm und reich?" „Also", sagte er, „reich, das ist Sekt, Kaviar und tolle Weiber, – und arm ist Bier, Blutwurst und de Mama."

Dann habe ich ihn noch nach dem Unterschied zwischen Kapitalismus und Sozialismus gefragt. „Also", sagte er, „paß auf, dat ist so. Wennste an der Autobahn stehst und winkst und es kommt ein dikker Mercedes vorbei und der nimmt dich nicht mit, also dat is Kapitalismus. – Wennste aber da stehst und es kommt ein kleiner VW, hält, nimmt dich mit, lädt dich zum Essen ein, geht mit dir ein Stündchen in den Wald und schenkt dir dann noch 100 Mark, das ist Sozialismus." Ich hab gefragt: „Ist Ihnen das schon mal passiert?" Sagt er: „Nein, mir nicht, aber meiner Schwester!"

Ich sage: „Als Preis bekommen Sie einen großen Brockhaus." Meint der: „Was soll ich denn damit, ich habe doch keinen Führerschein!"

> Am Schluß habe ich noch gesagt:
> „Vorbei ist jetzt das Quiz,
> das wir euch heut vergönnten,
> ach was wär das Leben mies,
> wenn wir nicht lachen könnten."

A l a a f !

Ein Geleimter

Büttenrede von Gerd Hinders

Also, daß ich seinerzeit meine Frau kennenlernte, war ja ein einziger Irrtum. Eigentlich hatte ich damals ja nur nach einem Taxi gepfiffen.

Aber dann stieg das Mädchen bei mir gleich voll ein. Das Schlimmste war, sie gefiel mir auch noch, – weil sie so ganz anders war als alle anderen Frauen, die ich vorher gekannt hatte. – Sie war die einzige, die mich heiraten wollte!

Der Mann jagt eben so lange der Frau nach, bis sie ihn erwischt!

Ich sagte zu ihr: „Nein, wie reizend Sie heute wieder aussehen. Sie müssen viel Mühe damit gehabt haben!"

Seitdem die geliftet worden war, mußte sie beim Gähnen immer die Beine anziehen!

Nun soll man mit einer Frau ja so lange sprechen, bis sie mit sich reden läßt. – Schließlich gab sie meinen Bitten nach und sagte: „Gut, du darfst kurz zu mir mit heraufkommen und ein Täßchen Kaffee bei mir trinken – aber nur unter einer Bedingung: Im Bett wird nicht geraucht!"

Als ich sie dann vor drei Jahren heiratete, bekam ich eine Frau, die für immer bei mir blieb – meine Schwiegermutter!

Adam und Eva waren da ja glücklicher dran: Sie kannten noch keine Schwiegermutter!

Trotzdem, ein Leben ohne Schwiegermutter kann ich mir heute gar nicht mehr vorstellen – aber ich träume manchmal davon!

Sie hat ja eine gespaltene Persönlichkeit, aber ich hasse beide!

Weihnachten schenkte sie mir zwei Krawatten. Ich zog ihr zuliebe gleich eine an. Sofort giftete sie mich an: „Und die andere gefällt dir wohl nicht?!"

Außerdem würde ich sie immer an einen Imker erinnern, weil ich jeder Biene hinterhergaffen würde.

Da ging ich still zum Bahnhof und verlangte eine Fahrkarte für zweihundert Mark. Der Beamte wollte wissen, wohin. Ich sagte: „Das ist egal, möglichst weit; sie ist für die Schwiegermutter!"

Ich schrieb ihr dann an ihren Urlaubsort: „Liebe Schwiegermutter, es geht uns zwar augenblicklich gesundheitlich nicht besonders gut und deshalb können wir dich dort leider nicht besuchen, aber es ist ganz bestimmt nicht so schlimm, daß deine Anwesenheit hier erforderlich wäre. – Wir sind schon glücklich, liebe Schwiegermutter, wenn du nur in Gedanken bei uns weilst!"

Aber die meiste Zeit muß ich ja vor allem mit meiner Frau zurechtkommen.

>Doch selbst das Beste bringt Verdruß,
>wenn man's zu lange treiben muß!

Viele Dinge geschehen eben auch in der verkehrten Reihenfolge: Erst wird geheiratet – und dann lernt man sich kennen!

Und da darf man sich nicht wundern, wenn einer unter dem Pantoffel steht, daß er dann einen betretenen Eindruck macht!

Ja, wie doch die Zeit vergeht! – Früher, wenn wir mit dem Zug fuhren, habe ich immer an jeder Station zu meiner Frau gesagt: „Geh' nicht so nah' ans Fenster, Liebling; sonst steigen alle in unser Abteil." – Und heute bitte ich sie: „Halt' deinen Kopf aus dem Fenster, damit niemand zu uns einsteigt!"

Ach ja, lieber Glück in der Liebe als Pech in der Ehe!

Als wir im letzten Jahr am Königssee waren, wurde meine Frau ganz heiser, weil sie immer dem Echo widersprach!

Mit ihr zu diskutieren, das ist, als wollte man eine Glühbirne ausblasen!

Mein Schwiegervater hatte mir schon gesagt: „Mit unserer Elisabeth hast du einen guten Griff getan. Sie ist noch nie krank gewesen und kann alles vertragen – bis auf Gurkensalat und Widerspruch!"

Wenn ich zum Beispiel nach dem Kegelabend ins Schlafzimmer trete und „Guten Abend" sage, antwortet sie glatt: „Guten Morgen!"

Dann schreit sie los, es wäre besser für sie gewesen, wenn sie den Satan geheiratet hätte als ausgerechnet mich. Ich entgegne ihr dann: „Das geht ja gar nicht! Zwischen Geschwistern sind Ehen verboten!"

Meistens fängt sie dann an zu heulen und droht: „Du Untier, ich gehe zu meiner Mutter zurück." Darauf ich bedauernd: „Immer diese leeren Versprechungen!"

Schließlich platzte mir der Kragen und ich brüllte los: „Ich muß ja ein Idiot gewesen sein, als ich dich geheiratet habe!" Antwortete meine Frau: „Das streite ich ja nicht ab, aber damals war ich so verliebt, daß ich es gar nicht gemerkt habe."

Ich brummte: „Ich war ein schöner Esel, als ich dich heiratete." Schrie sie wieder los: „Sei nicht so eingebildet, schön warst du nie!"

Dann setzte sie noch spöttisch hinzu: „Was hattest du denn damals schon gehabt, als wir heirateten? – Nur Läuse, und die waren noch von mir!"

Ja, ja, die Ehemänner sollten eben ihre Frauen viel häufiger küssen. Es gibt keine bessere Methode, sie zum Schweigen zu bringen.

> Ist eine Ehe nicht intakt,
> wird schnell der Mann vom Suff gepackt,
> so daß – als blau er heimgekehrt –
> den ganzen Hausrat er zerstört.
>
> Mit dem, was heil blieb, schlug die Frau
> ihn ihrerseits noch einmal blau. –
> Als anderntags der Rauch verronnen,
> hat wieder man von vorn begonnen.
>
> Einträchtig dann am trauten Herd
> leimt man geduldig, was versehrt.
> Moral: Es blüht das Glück in jenen Heimen,
> wo man geduldig weiß zu leimen!

        A l a a f !

Ein Merkwürdiger

Büttenrede von Werner Flügge

Jo, es ist soeben etwas Merkwürdiges eingetreten, – nämlich ich.

Zuerst wollt ich kommen, dann habe ich mich aber entschlossen, selber zu kommen.

Ich grüße Sie und Sie und Sie – nee, Sie nicht. Sie haben mir gestern noch auf dem Nachhauseweg auf die Finger getreten.

He, aber es freut mich. Die Halle ist wieder genauso voll wie ich.

Ich kann trinken, trinken und trinken, – aber keiner dankt's einem.

Gestern war ich auch wieder bis oben hin. Ich raus aus der Kneipe. Und um meine Frau nicht aufzuwecken, hab ich mich unten auf der Treppe schon ausgezogen. Als ich in Unterhosen oben angekommen war, stand ich auf dem Hauptbahnhof.

Eben habe ich an der Theke noch einen mit unserem Bürgermeister getrunken. Einige wissen es nicht – er ist adelig. Jo, er ist mit einem Kaiserschnitt auf die Welt gekommen.

Jo, seine Mutter ist „von" und „zu" und sein Vater ist „auf" und „davon".

Ich habe einen tollen Kumpel. Das ist vielleicht ein verrückter Hund. Der ist vor ungefähr zwanzig Jahren verheiratet worden. Sagt der neulich zu mir: „Man ist ja ruhiger geworden. Wenn i c h früher nach Hause kam, meine Frau lag mit einem fremden Mann im Bett, hab ich ihn erschossen. – Heute komme ich so erschossen nach Hause, daß ich froh bin, wenn einer da ist!

War seine Frau beim Fotografen. Sagt sie: „Ich möchte das Bild von meinem Sohn vergrößert haben. – Aber sagen Sie, geht das auch ohne Mütze?" Sagt er: „Ja, das können wir retuschieren. – Aber noch eine Frage, hat Ihr Sohn den Scheitel links oder rechts?" Sagt sie: „Oh, das ist schwer zu sagen, aber das sehen Sie ja, wenn Sie die Mütze abnehmen."

Die Frau hat das Gesicht voller Narben. Ich sage: „Woher hast du die denn?" Kräht die: „Mein Mann mit seiner dämlichen Nickelbrille kratzt mir beim Schmusen das ganze Gesicht kaputt." Ich sage: „Soll er die Brille doch absezten." Meint sie: „Nee, das kann er nicht, dann beißt er immer ins Sofa."

Die haben sich ja nur geheiratet, weil Gegensätze sich anziehen. – Er war Totengräber und sie Hebamme. – Er ist Mathematiker und sie unberechenbar.

Aber die ist schon in Ordnung. Ist sie mal zum Maler gegangen. Sagt sie: „Ich hätte gerne ein Bild von mir, schön ähnlich." Sagt der Maler: „Ja, da müssen Sie sich schon entscheiden, – schön oder ähnlich."

Er sagt: „Auf meine Frau, da laß ich nichts kommen, meine Frau hat die Maße neunzig – fünfundsechzig – neunzig." Ich sage: „Donnerwetter, das sind ja fast Idealmaße." Meint er: „Ja, das andere Bein sieht genauso aus!"

Da ist sie jetzt aufs Polizeirevier gegangen und sagt: „Herr Wachtmeister, ich bin eben von einem Beamten vergewaltigt worden." Sagt der Wachtmeister: „Woher wollen Sie denn wissen, daß es ein Beamter war?" Sagt sie: „Ja, der hat überhaupt nicht mitgearbeitet!"

Ist er beim Psychiater gewesen. Fragt der: „Was haben Sie denn für ein Leiden?" Antwortet er: „Also, Herr Doktor, ich habe ein großes Haus auf den Seschellen, zwei tolle Ferraris, meine Kinder besuchen teure Privatschulen und meine Frau trägt die neuesten Kleider aus Frankreich." Staunt der Psychiater: „Dann weiß ich nicht so recht, wo Ihr Problem liegt." Sagt er: „Ja, ich verdiene nur tausend Mark im Monat!"

Apropos Frankreich. Erzählte er mir: „Ich habe jetzt Urlaub gemacht, in Paris. Ich komme in mein Hotelzimmer, hängen die Spiegel mitten über'm Bett. – Wußte gar nicht, wie ich mich rasieren soll!"

Sagt er: „Du, meine Schwiegermutter ist ja leider von uns gegangen." Ich frage: „Wie konnte das denn passieren?" Meint er: „Weiß ich auch nicht. Ich habe sie nur durchs Fernrohr beobachtet." Ich sage: „Dadurch kann man doch nicht kaputt gehen." Sagt er: „Nee, ich hatte aber vergessen, vorher das Gewehr abzuschrauben."

Bei der Verhandlung hat ihn der Richter gefragt: „Angeklagter, ich werde in wenigen Minuten das Urteil verkünden. Wie fühlen Sie sich?" Sagt er: „Herr Richter, ich fühle mich wie eine Braut vor der Hochzeitsnacht. Ich weiß zwar, was da kommt, aber ich weiß nicht, wie lange es dauert!"

Sagt der Richter: „Ich verurteile Sie zu fünf Jahren Arrest." Staunt der: „Was, Herr Richter, kein Gefängnis?"

Aber der hat ja immer solche Sprüche drauf.

Zum Beispiel: Fährt man rückwärts an den Baum,
                verkleinert sich der Kofferraum.

Oder: Die Pille ist ein fauler Zauber,
                nur Ajax hält das Becken sauber.

Oder: Sterben mußt du sowieso,
                schneller geht's mit Marlboro.

Sagt er: „Meinen Job auf Sylt, den werde ich drangeben." Ich frage: „Wieso denn das, was machst du denn da?" Sagt er: „Ich grabe mich in den Sand ein und vermiete meinen Hintern als Fahrradständer."

Frage ich: „Ja, wieso willst du den Job denn drangeben?" Sagt er: „Ach, die Mopeds tun immer so weh!"

Und nun zum Schluß noch ein Gedicht. Drum, ihr Narren, ruf ich euch zu:

      Haltet euch gesund und trinkt Wein,
      denn der Wein, das laßt euch sagen,
      ist bekömmlich für den Magen.
      Gut ist er auch zum Entschlacken,
      jeden Morgen kannst du . . .
          frisch zur Arbeit gehen!

        A l a a f !

Ein Mann aus dem Volke

Büttenrede von Willi Dingler

War ich noch neulich auf einer Party eingeladen. Sagte der Gastgeber zu mir: „Im Vertrauen, die blonde Dame da drüben ist meine Frau, und die schwarze daneben ist meine Geliebte." Ich flüsterte ihm ins Ohr: „Vertrauen gegen Vertrauen, bei mir ist es genau umgekehrt!"

Einer schimpfte: „Jetzt haben wir ja bald wieder Wahlen. Und wieder gibt es neue Parteien! Was soll man da bloß wählen?" Ich antwortete: „Wissen Sie, bei der Wahl ist es wie beim Wein: Erst hinterher weiß man, welche Flasche man gewählt hat!"

Der schimpfte weiter: „Und dann erfinden die immer wieder neue Steuern! Jetzt wollen sie sogar eine Liebessteuer einführen! Die sind sich nur noch nicht einig darüber, wo sie die Steuerbanderole anbringen sollen!"

Also, da wurde ganz schön gesoffen! Ich war vielleicht in Fahrt! Meinte eine Frau zu mir: „Wenn Sie so weiter machen, dann habe ich Sie bald in meinem Bett." Ich lallte: „Junge, Junge, Sie gehen aber ran! Warum nicht gleich, – jetzt?!" Meinte sie: „Sie haben mich mißverstanden, ich bin Krankenschwester im hiesigen Krankenhaus."

Ich sagte: „Da erleben Sie ja sicher so einiges!" Erzählte sie: „Da wurde kürzlich ein Mann eingeliefert, der hatte von einem Unfall mit dem Fahrrad noch ein Stück Lenkstange im Bauch. Die konnten wir einfach nicht herausbekommen. Da meinte doch dieser Mann: ‚Och, das ist nicht schlimm, ich kann freihändig fahren'."

„Oder neulich hatte eine Lernschwester einem Patienten für seine Darmstörungen aus Versehen ‚Nervosan' gegeben. Später entschuldigte sie sich, weil sie ihm das verkehrte Medikament gegeben hatte. Meinte der Mann: ‚Sie brauchen sich nicht zu entschuldigen. Geben Sie mir ruhig wieder Nervosan. Ich mache mir zwar nach wie vor in die Hose, aber jetzt regt es mich nicht mehr auf'!"

„Und dann unser Chefarzt aus der Chirurgie. Der hatte sich einen Maßanzug bauen lassen und war ganz ungehalten. Er schimpfte mit dem Schneider: ‚Zuerst saß er ja ausgezeichnet, aber dann fiel er einfach auseinander.' Das konnte der Schneider nicht verstehen. ‚Ich auch nicht', meinte der Doktor, ‚aber als ich die Fäden gezogen hatte, da war es aus'!"

Ein Freund von mir hatte eine reiche Frau geheiratet. „Sie ist zwar nicht schön", meinte er, „aber die hat Geld. Das ist mein Kapital." Auf der Party hat er dann mit zwei Teenagern geschmust. Ich sage: „Was ist das denn?" Meinte er: „Das, das sind die Zinsen. Das Kapital rühre ich nicht an!"

Das ist einer! Da hat der aus einer Konkursmasse eintausend Büstenhalter für hundert Mark billig übernommen und auf dem Kirchentag, nachdem er die Körbchen getrennt hat, als Konzilkäppchen für zwanzig Mark das Stück wieder verkauft!

Zum Schluß war da noch eine Modenschau. Ich sagte zu einer jungen Frau: „Warum haben Sie dem Fotografen denn so eine Szene gemacht und ihm sogar eine Ohrfeige verpaßt? Nur weil der Sie mit Badeanzug fotografieren wollte? Das war doch nicht so schlimm!" Fauchte sie: „Was, nicht so schlimm?! Der verlangte von mir, daß ich den Badeanzug in der Hand tragen soll."

Am kalten Büfett nahm ich den Kellner zur Seite und flüsterte: „Ich erwarte einen Anruf von meiner Schwester, die bekommt nämlich was Kleines. Ich möchte aber nicht, daß alle gratulieren. Sagen Sie einfach: ‚Der Herr wünschen einmal Sauerkraut.' Dann weiß ich Bescheid." Nach zehn Minuten kam der an und sagte: „Der Herr hatte zweimal Sauerkraut bestellt, einmal mit Würstchen und einmal ohne!"

Da die Party auswärts stattfand, hatten sie für alle ein Hotelzimmer reserviert. Wie ich mich da eintrage, da läuft doch eine Wanze über das Buch! Ich schimpfte: „Das sind vielleicht Zustände hier! Da kommen die Wanzen schon in die Rezeption, um sich die Zimmernummern auszusuchen!"

In der Bar hing einer an der Theke und schnarchte. „Warum werfen Sie den Kerl nicht raus?" fragte ich den Barkeeper. „Ich werde mich hüten", meinte der, „jedesmal, wenn ich den wecke, dann bezahlt der wieder!"

In dem Hotel war auch ein Paar auf der Hochzeitsreise. Morgens um sieben Uhr kommt er, ein flotter Siebziger, forsch im Jogginganzug die Treppe herunter zum Frühsport. Ich denke, na ist der aber noch rüstig! Drei Stunden später kam die junge Braut, gerade achtundzwanzig Jahre jung, hielt sich mühsam am Treppengeländer fest, schwankend die Treppe herunter. Ich fragte: „Ist es Ihnen nicht gut?" Jammerte sie: „Hören Sie auf! Mein Mann sagte, er hätte immer gespart, – und ich Dussel habe gedacht, er hätte Geld gemeint!"

A l a a f !

Dick und Doof
Zwiegespräch von Franz Unrein

Doof: Sag mal, Dick, was machst du für ein frohes Gesicht?
Dick: Ja, ich habe heute morgen eine Brieftasche gefunden. Da waren achthundert Mark drin!
Doof: Da hast du aber Glück gehabt! Ich habe gestern einen Büstenhalter gefunden, – der war leer!

Dick: Ich konnte das Geld gut gebrauchen. Ich mußte nämlich fünfhundert Mark Strafe bezahlen, nur weil ich die Uhren auf Sommerzeit umgestellt habe.
Doof: Was, fünfhundert Mark für Uhren zurückstellen? Das gibt es doch nicht!
Dick: Doch! – Ich hatte ja auch die Gas- und Wasseruhr zurückgestellt!

Doof: Am Samstag habe ich auch fünfhundert Mark bezahlt, als ich im Autokino war.
Dick: Was, fünfhundert Mark fürs Autokino? – Du spinnst!
Doof: Doch! – Ich hatte mir ein Taxi genommen.

Dick: Was ich dich immer schon fragen wollte: Dein Schwiegersohn ist aber oft im Gefängnis. Wie kommt denn das?
Doof: Ja, das ist wohl ein Geburtsfehler.
Dick: Ein Geburtsfehler? – Wieso?
Doof: Ja, der hat zu lange Finger und zu kurze Beine.

Dick: Was macht eigentlich dein Sohn?
Doof: Der hat sich bei der Polizei beworben und hat vorige Woche einen Eignungstest gemacht.
Dick: Was wurde er denn gefragt?

Doof: Wer Jesus getötet hat.
Dick: Und, was hat er gesagt?
Doof: Nichts! Er ist sofort nach Hause gekommen und hat berichtet: „Die haben mich schon auf einen Mordfall angesetzt!"

Dick: Was macht eigentlich dein Großvater? Ich denke, der ist schwerhörig? Kauf' ihm doch ein japanisches Hörgerät. Die sind billig.
Doof: Ich muß noch etwas warten. Es ist nämlich eine Besserung eingetreten. Vorige Woche ist neben uns ein Haus explodiert und Opa hat direkt „Herein" gerufen!

Dick: Aber du bist doch auch etwas schwerhörig.
Doof: Ja, ich konnte sogar meine eigenen Winde nicht mehr hören.
Dick: Warst du denn nicht mal beim Arzt?
Doof: Doch, der hat mir Pillen verschrieben.
Dick: Aber Pillen können doch nicht auf das Gehör wirken.
Doof: Das gerade nicht, – aber die Winde sind jetzt lauter!

Dick: Und was machst du so den ganzen Tag?
Doof: Ich arbeite nebenbei ein paar Stunden auf dem Friedhof.
Dick: Auf dem Friedhof?
Doof: Ja, ich helfe bei Beerdigungen. Vorige Woche hatten wir acht Beerdigungen, vier normale und drei Verbrennungen.
Dick: Ja, aber das sind doch nur sieben.
Doof: Ach ja, der achte war ein Grüner. Der kam auf den Komposthaufen!

Dick: Kennst du schon den neuesten Bayernspruch? – Wie sagt ein bayrischer Bauer, dem die Sau fortgelaufen ist?
Doof: Weiß ich nicht.
Dick: Ganz einfach: Schweinfurt!

Doof: Weißt du denn, wie man den Ausgang eines Freudenhauses nennt?
Dick: Nein.
Doof: Auspfuff!

Dick: Kennst du den Unterschied zwischen einem Freund des Hauses und einem Hausfreund?
Doof: Nein, sag' mal.
Dick: Also, der Freund des Hauses kommt, wann er will, und der Hausfreund will, wenn er kommt.

Doof: Stell' dir vor, gestern ist meine Frau doch in der Badewanne eingeschlafen, ohne vorher das Wasser abzudrehen!
Dick: Ist die Wanne da nicht übergelaufen?
Doof: Nein, meine Frau schläft ja immer mit offenem Mund!

Dick: Ich denke schon mit Schrecken dran, morgen soll bei uns der Gerichtsvollzieher kommen.
Doof: Dem würde ich aber die Zähne zeigen!
Dick: Nein, lieber nicht! Sonst nimmt er die auch noch mit!

Doof: Wir zwei müssen jetzt weiter gehn,
weil draußen noch mehr Jecke stehn,

Dick: die auch hier wollen Freude machen,
damit ihr froh könnt weiterlachen!

A l a a f !

Et Botterblömche

Büttenrede von Hans Bols

Alles wird ja heute immer komplizierter und teurer. Seit dem Streik voriges Jahr im öffentlichen Dienst muß man ja schon beim Essengehen aufpassen. Ich sag zu meiner Frau: „Wenn wir essen gehen, nicht unter dreizehn Mark achtzig." Sagt sie: „Wie kommst du denn dadrauf?" Ich sag: „Ich hab das durchgerechnet. Bei diesen hohen Abgaben jetzt, – wenn du unter dreizehn Mark achtzig ißt, ist das Kacken teurer als das Essen!"

Aber ich löse das Problem anders. Ich mach einfach in die Hosen und bring die in die Reinigung, dat ist billiger!

Dat ist ja kein Geiz, – aber mein Freund, der ist geizig! Der stellt sich mit einer Kerze vorn Spiegel und feiert den zweiten Advent.

Der ist so geizig, der atmet nachts durch die Nase, nur um die Zähne zu schonen.

Silvester schmeißt der einen Frosch durch das Fenster und knallt mit der Tür! – So geizig ist der!

Aber eine Badewanne mit zwei Abflüssen: einen für Kaltwasser und einen für Warmwasser!

Der hat seiner Frau jetzt ein Buch gekauft: ‚Technik in der Liebe'. – Sagt sie: „Wat nützt die Technik, wenn man kein Werkzeug hat."

Die löst immer Kreuzworträtsel. Die guckt auch so. Ein Auge waagrecht, ein Auge senkrecht.

Dann hat die noch eine Zahnspange. Der ruft die schon gar nicht mehr, der nimmt immer ein Magnet!

Bei der ist alles künstlich. – Schaumgummibusen, angeklebte Wimpern, langes blondes Haar zum Abnehmen, alles künstlich. Wenn der sie küßt, läuft ein Tonband bei der ab: „Bei Risiken und Nebenwirkungen lesen Sie bitte die Packungsbeilage oder fragen Sie Ihren Arzt oder Apotheker."

Die war schon immer so häßlich. Wie die geboren wurde, hat der Vater gesagt: „Jetzt habt ihr dat Kind wegfliegen lassen und den Klapperstorch behalten!"

Die war so häßlich, – die Eltern wußten gar nicht, welche Seite sie wickeln sollten!

Aber einen Sohn haben sie, den Heini. Der kam dieser Tage nach Hause und sagt: „Papa, die Lehrerin in der Schule hat gefragt: ‚Was ist zehn und zehn?' Hab ich ihr gesagt: ‚Ist zwanzig.' Sagt die Lehrerin: ‚Das war richtig.' – Kommt das, weil ich so intelligent bin oder weil wir so reich sind?" Sagt der Papa: „Beides, mein Sohn." Am nächsten Tag kommt er wieder. Die Lehrerin hat gesagt: ‚Was ist fünfzig und fünfzig?' Habe ich gesagt: ‚Hundert.' War auch richtig. – Kommt das, weil wir so reich sind oder weil ich so intelligent bin?" Sagt der Vater: „Ja, ja, beides, mein Sohn." Am nächsten Tag kommt er wieder: „Papa, wir hatten heute Schwimmen, und beim Duschen habe ich gesehen, daß das, was wir Jungens haben, bei den anderen viel kleiner war und bei mir viel größer. Kommt das, weil ich so intelligent bin oder weil wir so reich sind?" Sagt der Vater: „Nee, nee, mein Sohn, dat kommt, weil du schon dreiundzwanzig bist!"

Mein Freund, der hat ja früher in der Wüste gearbeitet. Hat er mir erzählt: „Da kam in der Wüste ein Löwe, der hat immer so gemacht *(spitzer Mund, Kußbewegung)*." Ich sage: „Wieso? Ein Löwe macht doch immer böbö . . ." Sagt er: „Der nicht, der stand doch verkehrt herum."

Heute verkauft der Staubsauger. Vorige Woche hat er einen Staubsauger vorgeführt. Sagt der zu der Dame: „Darf ich mal Ihren Teppichboden koboltieren?" Sagt die: „Nee, ich habe einen guten Staubsauger." Sagt der: „Mein Staubsauger kann aber auch Wasser aufsaugen." Meint sie: „Oh, das trifft sich gut, ich habe nämlich den Abfluß verstopft." Sagt er: „Spezialverschraubung auf den Abfluß,

Schalter ein, wuh, wuh, wuh, Abfluß frei." Strahlt sie: „O, das ist aber gut. Ich habe auch die Toilette verstopft, geht das auch?" Sagt er: „Ja, Spezialverschraubung auf die Toilette, Schalter ein, wuh, wuh, wuh flutsch und jetzt pong." Platzt der Schlauch, steht ein nackter Mann bei ihr im Badezimmer. Sagt sie: „Wo kommen Sie denn her?" Meint der: „Das weiß ich auch nicht. Ich wohne eine Etage höher, ich saß auf der Toilette und las die Zeitung!"

Sie sind ein Publikum wie im Himmel!

Kommen drei Opas im Himmel an. Fragt der Petrus den einen: „Warst du immer brav?" Sagt der: „Ja, – nur einmal hab ich mir ein Heft gekauft mit Mädchen drin." Sagt Petrus: „In der heutigen Zeit kein Problem. Du kommst in den Himmel." Dann hat er den zweiten gefragt: „Warst du immer brav?" Sagt der: „Ja, ich habe mir mal eine Videokassette gekauft mit Mädchen drauf, habe ich mir heimlich angeguckt." Sagt der Petrus: „In der heutigen Zeit kein Problem. Du kommst in den Himmel." Dann hat er den dritten gefragt: „Warst du immer brav?" Sagt der: „Ja, ich war zweimal in der Woche mit der Mama in der Kirche. Nur vorigen Monat war ich beim Aldi. Vor mir an der Kasse ein Mädchen, eine Figur, ich konnte nicht mehr, ich hab sie mir gepackt zwischen de Nudeln und de Knödel." Sagt der Petrus: „Oh, da muß ich dir Hausverbot geben." Antwortet der: „Ja, dat weiß ich, – hab ich beim Aldi auch gekriegt!"

Die alten Leute sind ja so rüstig. Ich kenn einen, der ist hundert Jahre und geht immer noch in de Sauna. Und dann spricht der mit seinen Füßen: „Ihr habt mich überall hingebracht, jetzt seid ihr auch hundert Jahre alt geworden." Dann spricht er mit seinen Händen: „Ihr habt so viel für mich getan, jetzt seid ihr auch hundert Jahre alt geworden." Und dann guckt er so an sich runter und sagt: „Und wenn du nicht so früh gestorben wärst, wärst du auch hundert Jahre alt geworden!"

Es gibt ja Leute, die müssen alles beichten. Mein Freund war auch beichten. Sagt er zum Pastor: „Ich bin fremdgegangen." Fragt der Pastor: „Mit wem?" Sagt der: „Sag ich nicht." Darauf der Pastor: „War es mit der Wilma Schmitz?" Sagt der: „Sag ich nicht." Wieder der Pastor: „War es mit der Katharina Meyer?" Sagt er: „Sag ich nicht." Meint der Pastor: „Wenn du es nicht sagst, mußt du gehen." Sagt er: „In Ordnung, dann geh ich." Er kommt raus. Ich frage: „Wie war es?" Sagt der: „Wunderbar." Ich sag: „Wieso, der hat dich doch rausgeschmissen." Grinst er: „Ja, aber jetzt hab ich wieder zwei neue Adressen!"

Es gibt ja Leute, die gehen in den Wald und hängen sich auf – nur um einmal auf einen grünen Zweig zu kommen!

Gucken Sie einmal unsere Politiker. – Wissen Sie, wann der liebe Gott die Politiker erschaffen hat? – Es war an einem Freitag um halb zwölf. Er war gerade dabei, die Affen zu erschaffen. Und da sind ihm die Felle ausgegangen!

Ich war neulich in Bonn mit meinem niegelnagelneuen Fahrrad. Am Kanzleramt hab ich es abgestellt. Kam ein Polizist: „Sie müssen das Fahrrad da wegstellen. Wir erwarten eine polnische Delegation." Ich sag: „Dat macht nichts, ich hab es ja zweimal abgeschlossen!"

Ich guck mir die alle an. Da kam unser Finanzminister. Der hat jetzt ein vereinfachtes Steuererklärungsformular herausgebracht. Nur zwei Punkte: Sagen Sie uns, was Sie verdient haben. – Schicken Sie es uns!

Der will ja jetzt auf den Autobahnen überall neue Schilder aufstellen lassen: „Fahren Sie vorsichtig, wir brauchen jeden Steuerzahler!" – Und dadrunter ist ein kleines Schild vom Sozialminister: „Aber nicht die über fünfundsechzig!"

Mein Freund aus Ostfriesland, der wollte mal nach London. Sagt er zu mir: „Wenn ich da rüber fahre nach England, ich kann überhaupt kein Englisch. Was soll ich machen, dat die Engländer mich verstehen?" Ich sag: „Du mußt ganz langsam sprechen. Dann verstehen dich auch die Engländer." Der rüber nach London. Direkt in ein Lokal. Setzt sich an den Tisch. Kommt der Kellner. Sagt er *(ganz langsam sprechen)*: „Guten Tag. Ich hätte gerne ein Bier." *(Pause)* Sagt der Kellner *(auch langsam)*: „In Ordnung, hätten Sie gerne ein helles oder ein dunkles Bier?" Sagt er: „Ein helles." Darauf der Kellner: „Woher sind Sie eigentlich?" Sagt er: „Ich bin aus Leer in Ostfriesland." Sagt der Kellner: „Oh, ich bin aus Aurich." Sagt er: „Wenn ich aus Leer bin und Sie aus Aurich, warum sprechen wir denn englisch miteinander?!"

So manches Gute und auch Böse wird dir beschert, doch dat Botterblömche sagt: „Das Leben ist trotzdem lebenswert!"

A l a a f !